KB091405

마리아DB 시작하기 2/e

마리아DB 시작하기 2/e

실전 예제로 살펴보는 마리아DB의 강력한 기능

다니엘 바솔로뮤 지음 이동국 옮김

i!i
에이콘

에이콘출판의 기틀을 마련하신 故 정완재 선생님 (1935-2004)

지은이 소개

다니엘 바솔로뮤 Daniel Bartholomew

1997년부터 리눅스를 사용했고, 1998년부터 데이터베이스를 사용했다. 이 책과 팩트출판사의 『MariaDB Cookbook』도 썼고, <리눅스 저널>, <리눅스 프로>, <우분투 사용자와 턱스> 등의 다양한 잡지에 다양한 글을 기고했다. 마리아DB 프로젝트가 2009년 초에 시작된 이후 짧게 참여했다. 현재 마리아DB에서 근무 중이고, 마리아DB 릴리스, 문서화와 몇 가지 잡다한 것을 처리하는 데 시간을 할애하며, 이런 활동은 마리아DB 프로젝트를 매끄럽게 유지하는 데 도움이 된다.

기술 감수자 소개

데이비드 샤닐 David Chanial

프랑스의 시스템 관리자이자 프로그래머다. 특히 젠투 리눅스, 아파치/엔진엑스, PHP, 마리아DB/MySQL, 파이썬/펄/C를 사용해서 수년 동안 고가용성 호스팅 솔루션을 구축했다.

2003년부터 기술 부문에서 공동 운영하고 관리한 프랑스 회사 유로웹Euro Web(호스팅, 전용 서버, 서비스 관리, 컨설팅)을 2011년 매각했다. 회사에서 컨설팅과 시스템/API 개발을 담당했다.

2013년부터 2014년 사이 추가로 앤시벌Ansible, 마리아DB, 장고와 임베디드 전자기기를 사용한 프로젝트를 회사에서 독립적으로 진행했다. 그리고 팩트 출판사의 『MariaDB High Performance』[1]과 같은 책을 검토했다. 빌리브 디지털 그룹Believe Digital Group에서 데이터베이스 이슈(빅데이터), 네트워크 기반시설, 그리고 직접 만든 저장소 솔루션 등을 관리하는 시스템 관리자 및 네트워크 책임자로 일했다.

---

1. 에이콘출판사에서 『MariaDB 성능 분석과 최적화』(2015)라는 제목으로 출간했다. - 옮긴이

에밀리앙 켄를러_{Emilien Kenler}

작은 웹 프로젝트 이후 2008년 고등학교를 다니는 동안 게임 개발에 집중하기 시작했다. 2011년까지 다른 그룹에서 전문적인 시스템 관리자로 일했다.

2011년 컴퓨터 과학 엔지니어를 공부하는 동안 마인크래프트 서버를 판매하는 회사를 설립했다. 노드제이에스^{Node.js}와 레빗엠큐^{RabbitMQ} 같은 새로운 기술 기반으로 가벼운 IaaS(https://github.com/HostYourCreeper/)를 만들었다.

그 후에 타다웹^{TaDaweb}에서 기반 시설을 만들고 배포와 모니터링 툴을 만드는 시스템 관리자로 근무했다.

2014년, 도쿄 위즈코프^{Wizcorp}에서 새로운 탐험을 시작했다. 2014년 프랑스 꽁피에뉴의 기술 대학을 졸업했다.

팩트출판사에서 나온 『Learning Nagios 4』, 『MariaDB High Performance』, 『OpenVZ Essentials』, 『Vagrant Virtual Development Environment Cookbook』 등의 리뷰어로 기여했다.

자코모 피치아렐리_{Giacomo Picchiarelli}

데이터 기반 애플리케이션을 설계하고 MySQL 관리자로 6년 동안 테스트 및 소프트웨어 엔지니어로 일하고 있다. 리눅스 시스템과 테스트 기반 개발을 잘하고 있다.

옮긴이 소개

이동국 (fromm0@gmail.com)

현재 네이버파이낸셜에서 네이버페이 서비스를 담당하고 있다. 12년째 네이버에서 근무하면서 뉴스/스포츠/카페/포스트 서비스를 담당했다. 울산대학교에서 수학과 컴퓨터를 복수 전공했으며, 대학 졸업 후 지금까지 개발이 마냥 즐거운 개발자로 살아가고 있다.

현재까지 마이바티스를 비롯해서 아이바티스, 스프링, prototype.js, AppFuse, Visual VM 등의 공식 문서를 번역해 공유한다. 『iBatis 인 액션』(위키북스, 2007), 『마이바티스 프로그래밍』(에이콘, 2014), 『마이바티스를 사용한 자바 퍼시스턴스 개발』(에이콘, 2013), 『마리아DB 따라잡기』(에이콘, 2013)를 번역 출간했다.

페이스북(https://www.facebook.com/dongguk.lee.3)에 가끔 사는 얘기를 올리고 있고, 초등학교 5학년 두 딸의 아빠로 네 가족이 용인에서 행복하게 살고 있다.

옮긴이의 말

현재 다니는 회사에서 주로 사용하는 데이터베이스는 MySQL입니다. MySQL은 몇 년 전 썬Sun에 인수됐는데 썬이 다시 오라클에 인수되면서 MySQL은 현재 오라클의 품에 있습니다. MySQL이 여러 번의 인수 과정을 거치면서 오픈소스 개발자의 참여가 적여졌고, 그로 인해 별다른 발전이 없었던 것처럼 보이기도 했습니다. 게다가 라이선스 또한 비용이 증가하기도 했죠. 이러한 과정에서 MySQL에서 파생된 제품이 나오기 시작했고, 그중 가장 대표적인 제품이 마리아DB입니다.

마리아DB는 이후로도 오픈소스 개발자들의 노력과 사용자의 힘으로 인해 발전을 거듭해왔습니다. 이제는 MySQL에 있던 버그를 자체적으로 고치면서 다시 MySQL을 발전시키는 중추적인 역할을 하고 있습니다. 마리아DB의 이런 발전은 구글이 MySQL에서 마리아DB로 전환하도록 결정하게 만들었습니다.

그동안 읽어본 데이터베이스 관련 서적은 대부분 두껍거나 다른 개발 언어와 연동하는 내용으로 구성돼 있어서 데이터베이스 자체만을 익히기에는 만족스럽지 않은 책이 많았습니다. 하지만 이 책은 마리아DB만을 다루는 책으로 두껍지 않고 내용 또한 반드시 알아야 하는 내용으로만 구성됐습니다. 데이터베이스를 사용하기 위해서는 마리아DB를 설치해야 하기 때문에 설치 방법부터 다양한 운영체제에 맞춰 다루기 시작합니다. 기본 설정을 사용해서 설치된 마리아DB는 테스트용으로 사용할 만한 수준이기 때문에 튜닝을 하기 위해 설정을 변경하거나 안전하게 사용하도록 보안 설정을 추가해야 해서 이런 내용을 이어서 살펴봅니다. 그리고 사용자 관리를 통해 사용자를 생성하고 권한을 부여하거나 제거하는 내용도 다룹니다. 개발자가 주로 사용하게 되는 쿼리문에 대해 알아보며, 마지막으로 백업과 같은 데이터베이스 관리 방법을 다룹니다. 2판은 마리아DB 사용에 내용을 보강했습니다. 1판에서 1개의 장으로 설명했던 것을 3개의 장으로 나눠서 더 상세히 다루고 있습니다. 그리고 마리아DB 최신 버전의 내용을 추가해서 최신 버전을 사용할 사용자를 배려했습니다.

책을 쓰는 일은 어려우면서도 아주 재미있습니다. 새로운 분야를 공부하는 데는 책을 보거나 샘플 코드를 만들어보는 것이 좋은 방법이지만, 그 분야의 책을 써보는 것도 충분히 좋은 방법이라 할 수 있습니다.

책을 쓰는 데 드는 시간은 가족들을 힘들게 하는 건 분명하다고 생각됩니다. 남편이 책 쓴다고 바쁘더라도 두 딸을 잘 돌보며 불평 없이 기다려주는 아내와 두 딸이 가장 먼저 생각납니다. 그리고 이런 가족이 있게 만들어주신 양가 부모님들에게 가장 고마울 수밖에 없습니다.

이 책이 나오게 도와주신 에이콘출판사의 사장님과 담당자분들께 감사드립니다. 그리고 이런 좋은 책을 내서 나에게 또 다른 기회를 준 원서의 저자 다니엘바솔로뮤와 팩트출판사에도 감사합니다.

이 책이 마리아DB를 시작하는 분들에게 도움이 되길 바랍니다.

이동국

차례

지은이 소개   5

기술 감수자 소개   6

옮긴이 소개   8

옮긴이의 말   9

들어가며   17

1 마리아DB 설치   25

마리아DB 시리즈 선택   27

    개발 시리즈   27

    안정 시리즈   28

    유지 보수 시리즈   28

윈도우에 마리아DB 설치   29

맥OS X에서 마리아DB 설치   33

데비안, 우분투, 민트 리눅스에 마리아DB 설치   35

페도라, 레드햇, 센트OS에 마리아DB 설치   37

다른 리눅스 배포판에 마리아DB 설치   40

마리아DB 패키지 보안   40

설치 후 할 작업   42

설치 과정에 발생하는 문제에 대한 해결 방법   43

요약   44

2 마리아DB 설정　　　　　　　　　　　　　45

마리아DB 파일 시스템의 구조　　　　　　　　46

　　윈도우의 마리아DB 파일 시스템 구조　　　46

　　리눅스에서 마리아DB 파일 시스템의 구조　47

리눅스의 모듈별 설정　　　　　　　　　　　　49

마리아DB 설정 파일의 구조　　　　　　　　　51

　　설정 파일은 어디 있을까?　　　　　　　　51

　　주석　　　　　　　　　　　　　　　　　　52

　　그룹　　　　　　　　　　　　　　　　　　52

　　설정 값을 생략 가능한 옵션　　　　　　　53

　　설정 값을 가져야 하는 옵션　　　　　　　54

　　옵션 포매팅　　　　　　　　　　　　　　54

　　옵션, 옵션을 지정하는 곳　　　　　　　　55

변경한 설정을 반영　　　　　　　　　　　　　57

요약　　　　　　　　　　　　　　　　　　　　58

3 마리아DB 보안　　　　　　　　　　　　　59

보안 계층　　　　　　　　　　　　　　　　　60

10초 안에 마리아DB를 안전하게 만드는 방법　61

안전하게 접속하는 방법　　　　　　　　　　　64

　　커맨드라인에서 안전하게 접속하는 방법　65

　　스크립트에서 안전하게 접속하는 방법　　65

서버 보안　　　　　　　　　　　　　　　　　67

건물 보안　　　　　　　　　　　　　　　　　68

내부 네트워크 보안　　　　　　　　　　　　　69

인터넷 보안　　　　　　　　　　　　　　　　71

요약　　　　　　　　　　　　　　　　　　　　71

4 마리아DB 관리   73

사용자 권한   74

     전체에 적용되는 관리자 권한   74

     데이터베이스, 테이블, 칼럼 단위 권한   75

     기타 부가적인 권한과 제한   76

사용자 생성   77

권한 부여, 제거, 보기   79

     권한 부여   79

     권한 제거   81

     권한 보기   82

비밀번호 설정과 변경   83

사용자 제거   83

요약   84

5 마리아DB 사용: 데이터베이스와 테이블   85

mysql 명령 클라이언트 애플리케이션   86

마리아DB에 접속   86

데이터베이스 선택을 위해 USE 사용   88

서버의 모든 데이터베이스를 보기 위해 SHOW 사용   88

데이터베이스 생성과 삭제   90

     데이터베이스 생성을 위해 CREATE DATABASE 사용   91

     데이터베이스 삭제를 위해 DROP DATABASE 사용   92

데이터, 테이블, 정규화   93

테이블 생성, 변경, 삭제   95

     CREATE TABLE 사용   95

         CREATE TABLE 사용: 기본 문법   95

         CREATE TABLE 사용: 데이터 타입   96

         CREATE TABLE 사용: 다른 옵션   98

         CREATE TABLE 사용: 예   98

테이블을 생성하는 명령을 보기 위해 SHOW 사용   99

테이블 구조를 보기 위해 DESCRIBE 사용   100

ALTER TABLE 사용   101

ALTER TABLE 사용: 기본 문법   101

ALTER TABLE 사용: 칼럼 추가   102

ALTER TABLE 사용: 칼럼 변경   102

ALTER TABLE 사용: 칼럼 삭제   103

DROP TABLE 사용   104

요약   105

6 마리아DB 사용: 입력, 수정, 삭제   107

INSERT 사용   107

전체 칼럼 데이터 입력   108

일부 칼럼 데이터 입력   109

다른 테이블에서 데이터 입력   110

파일에서 데이터 입력   111

UPDATE 사용   113

DELETE 사용   115

요약   116

7 마리아DB 사용: 데이터 조회   117

데이터 조회   117

모든 데이터 조회   118

선택 칼럼만 조회   119

데이터 필터링과 조회   120

특정 값 필터링   120

논리 연산자 사용   121

AND 연산자 사용   121

OR 연산자 사용   122

　　　　연산자 처리 순서　　　　　　　　　　　　　　　　122

　　　　IN 연산자 사용　　　　　　　　　　　　　　　　124

　　　　NOT 연산자 사용　　　　　　　　　　　　　　　125

　　LIKE를 사용해서 검색　　　　　　　　　　　　　　125

　　데이터 정렬　　　　　　　　　　　　　　　　　　126

　　데이터 조인　　　　　　　　　　　　　　　　　　127

데이터 요약　　　　　　　　　　　　　　　　　　　130

　　AVG 함수　　　　　　　　　　　　　　　　　　130

　　COUNT 함수　　　　　　　　　　　　　　　　　131

　　MIN과 MAX 함수　　　　　　　　　　　　　　　132

　　SUM 함수　　　　　　　　　　　　　　　　　　133

　　요약 데이터로 GROUP BY 사용　　　　　　　　　133

　　GROUP BY 결과를 필터링하기 위해 HAVING 사용　　134

요약　　　　　　　　　　　　　　　　　　　　　　135

8 마리아DB 유지 보수　　　　　　　　　　137

마리아DB 로그 파일　　　　　　　　　　　　　　　137

　　바이너리 로그　　　　　　　　　　　　　　　　138

　　에러 로그　　　　　　　　　　　　　　　　　　139

　　일반 쿼리 로그　　　　　　　　　　　　　　　　140

　　슬로우 쿼리 로그　　　　　　　　　　　　　　　141

마리아DB 최적화와 튜닝　　　　　　　　　　　　　142

데이터 백업, 가져오기, 복원　　　　　　　　　　　143

　　mysqldump를 사용한 기본 백업　　　　　　　　144

　　mysqldump를 사용한 백업으로 복원　　　　　　144

　　mysqldump를 사용해서 탭을 구분자로 한 백업 생성　　145

　　mysqlimport로 데이터 복원 및 가져오기　　　　146

　　mysqlhotcopy로 MyISAM 테이블 백업　　　　　147

　　xtrabackup으로 XtraDB와 InnoDB 테이블 백업　　148

　　xtrabackup으로 만든 백업으로 복원　　　　　　149

콜드 백업   150

마리아DB 보수   150

     mysqlcheck로 테이블 체크 및 최적화   150

     테이블 보수   152

요약   153

A 마리아DB 다음 단계   155

찾아보기   158

들어가며

데이터베이스는 우리 주위 곳곳에 있다. 사람들이 접속하는 모든 웹사이트와 물건을 사기 위해 들리는 가게 대부분 데이터베이스를 갖고 있고, 사람의 눈에 띄지 않게 조용히 동작하고 있다. 은행, 병원, 정부기관, 극장, 놀이공원, 그리고 경찰서 등에서도 차이는 없다. 데이터베이스는 대부분 정보를 저장하고 정렬하며, 분석하기 위해 사용한다.

이 정보는 어떠한 형태로든 가져올 수 있고, 컴퓨터에 전기신호로 저장할 수 있는 어떤 내용이 될 수도 있다. 정보는 책, 카탈로그, 주소, 이름, 날짜, 금융 정보, 사진, 돈, 비밀번호, 문서, 기호, 트윗, 우편, 좋아요, 블로그, 기사 등으로 다양하게 표현할 수 있다. 데이터베이스는 현대에 사람이 사는 곳에서 가장 중요한 중추적인 역할을 하는 것 중 하나다.

페이스북에 올린 글이나 트위터의 트윗은 데이터베이스에 저장된다. 은행의 금융 정보도 데이터베이스에 저장되고, 자주 방문하는 온라인 판매점의 구매 이력도 데이터베이스에 저장된다. 좋아하는 온라인 게임의 게임 내용은 어떨까? 물론 짐작하는 대로 데이터베이스에 저장된다. 최근에 지불한 수도 요금 또한 레코드로 저장된다. 어찌 보면 살면서 데이터베이스에서 떠날 수 없다. 데이터베이스는 어디든 존재한다.

다른 제품들이 그랬던 것처럼 꽤 오랫동안 데이터베이스 커뮤니티에서 주목을 받아온 새로운 데이터베이스가 있다. 그 이름은 마리아DB^{MariaDB}다. 이 데이터베이스 이름은 처음 만든 사람인 마이클 몬티 와이드니어스의 막내딸 이름에서 가져왔다. 2009년 처음 릴리스한 마리아DB는 새로운 제품이었지만, 뛰어난 제품에서 파생돼 나온 제품이다. 그 제품은 몬티가 만든 MySQL

데이터베이스의 다음 버전이다. MySQL에 대해 들었거나 들어본 적이 없다 하더라도 걱정할 필요가 없다.

마리아DB는 종종 비교되는 다른 데이터베이스보다 오래되지 않았다. 하지만 마리아DB는 뛰어난 혈통이다. 유명한 MySQL 데이터베이스의 차세대 변화다. 물론 몬티가 만든 데이터베이스이고, 전에 들었을 수도 있고 그렇지 않더라도 걱정하지 말라.

마리아DB는 오픈소스다. 소스코드는 무료로 다운로드할 수 있고 라이선스에 따라 소스코드에 자유롭게 기여할 수도 있다. 마리아DB 개발자는 다양한 운영체제를 위한 설치 파일을 제공한다.

첫 번째 릴리스 후에 마리아DB는 다른 데이터베이스보다 더 커지고 더 많은 추종자를 갖게 됐다. 현재는 수많은 웹사이트에서 사용하고, 세계 곳곳에서 다양한 산업의 많은 회사가 선택하는 데이터베이스가 됐다. 그리고 수십만의 사용자가 있다.

아주 좋은 소식은 스스로 마리아DB를 설치해서 사용할 수 있다는 점이다. 개인 노트북이나 데스크톱 컴퓨터에 지금 시도해보라. 마리아DB는 매우 강력하고 뛰어난 데이터베이스다. 설치하고 사용하기 매우 쉽다.

이 책은 마리아DB를 처음 시작하기에 충분하도록 내용을 넣었다. 이전에 데이터베이스를 사용한 경험이 없다고 하더라도 걱정할 필요가 없다. 처음 접한다고 해서 이해하기에 어려운 내용은 없다. 이미 내용을 알기도 전에 전문가다운 데이터베이스 관리자[DBA]가 되는 방법을 볼 것이다. 하지만 전에 마리아DB를 어설프게라도 본 적이 없다면 기본적인 기술에 대해 배워야 할 것이다.

한 주 또는 두 주에 걸쳐 배우더라도 나쁘지 않다.

이 책의 구성

1장, 마리아DB 설치에서는 윈도우, 리눅스, 맥OS X에서 마리아DB를 설치하는 방법을 설명한다.

2장, 마리아DB 설정에서는 설정 파일의 위치와 공통적인 옵션을 설정하는 방법 등 마리아DB를 설정하는 기본적인 내용을 설명한다.

3장, 마리아DB 보안에서는 새로 설치한 마리아DB를 안전하게 만드는 쉬운 방법 등 마리아DB 보안에 대해 설명한다.

4장, 마리아DB 관리에서는 마리아DB 사용자 계정을 추가하고 관리하는 방법을 설명한다.

5장, 마리아DB 사용: 데이터베이스와 테이블에서는 데이터베이스와 테이블을 생성, 수정, 삭제할 때 사용하는 명령을 설명한다.

6장, 마리아DB 사용: 입력, 수정, 삭제에서는 데이터베이스 테이블에서 데이터를 추가, 수정, 삭제하기 위해 사용하는 명령을 설명한다.

7장, 마리아DB 사용: 데이터 조회에서는 필터링, 검색, 정렬, 조인, 요약 등 데이터베이스 테이블에서 데이터를 가져오기 위해 사용하는 명령을 설명한다.

8장, 마리아DB 유지 보수에서는, 마리아DB를 유지 보수하고 순조롭게 동작할 수 있게 처리하는 방법을 설명한다.

부록 A, 마리아DB 다음 단계에서는 마리아DB 전문가가 될 수 있게 도와줄 수 있는 다양한 자료를 제공한다.

준비 사항

이 책의 모든 내용을 이해하기 위해 윈도우 XP에서 윈도우 8이 돌아가는 컴퓨터나 맥OS X가 돌아가는 컴퓨터 또는 우분투, 데비안, 페도라, 센트OS, 레드햇 같은 리눅스 배포판이 돌아가는 컴퓨터가 필요하다. 마리아DB는 많은 운영체제와 리눅스 배포판에서 돌아가지만, 이 책에서 특별히 다루는 운영체제와 리눅스 배포판이 있다.

마리아DB를 설치하려면 인터넷에 연결이 가능해야 하고, 소프트웨어를 설치하기 위해 관리자 권한이 필요하다.

마리아DB 설정 파일을 편집하기 위해 텍스트 편집기가 필요하다. 윈도우에서는 메모장이 무난하다. 맥OS X에서는 텍스트에디트TextEdit와 텍스트랭글러TextWrangler가 잘 동작한다. 리눅스에서는 많은 텍스트 편집기가 있다. 빔Vim, 지에디트gedit, 나노nano, 프루마pluma, 이맥스emacs 등을 주로 사용하지만, 다른 편집기도 모두 좋다. 워드, 워드패드, 오픈오피스, 페이지 또는 리브리오피스와 같은 워드프로세서는 생각처럼 동작하지는 않을 것이다.

그 외 다른 소프트웨어는 필요 없다.

이 책의 대상 독자

이 책은 마리아DB나 일반적인 데이터베이스에 대해 배우고자 하는 사람들을 위한 내용으로 구성했다. 데이터베이스를 다룬 경험이 있다고 가정하지 않지만, 컴퓨터에 대해서는 경험이 있다는 가정하에 내용을 썼다. 소프트웨어를 설치하거나 설정 파일을 편집하고 명령이나 터미널을 사용할 수 있어야 한다.

편집 규약

이 책에서는 여러 종류의 내용들을 구분하기 위해 몇 가지의 텍스트 스타일을 사용한다. 이 스타일들의 의미는 다음과 같다.

문장 중의 코딩 용어는 데이터베이스 테이블명, 클래스명, 메소드명, 함수명, 변수명, 사용자 입력 값, 트위터 핸들러에서 다음과 같이 표기한다.

"앞서 언급한 것처럼 ZIP 파일은 리눅스 바이너리 .tar.gz 파일과 유사하고 파일에 대해 아는 사람에게만 추천한다."

코드 블록은 다음과 같이 표기한다.

```
CREATE TABLE employees (
    id INT NOT NULL AUTO_INCREMENT PRIMARY KEY,
    surname VARCHAR(100),
    givenname VARCHAR(100),
    pref_name VARCHAR(50),
    birthday DATE COMMENT '대략적인 생일이면 됨'
);
```

커맨드라인 입력이나 출력은 다음과 같이 표기한다.

brew doctor

새로운 용어와 중요한 단어는 **고딕체**로 표기한다. 화면에 보이는 단어, 예를 들어 메뉴나 대화상자에서 보이는 단어는 다음처럼 표기한다.

"기본적으로 체크된 **서비스 형태로 설치**, 그리고 컴퓨터가 부팅할 때 마리아DB가 시작하게 하기 위해 추천한다."

> 경고나 중요한 내용 표시는 이와 같은 상자 안에 나타난다.

유용한 팁과 요령을 이와 같이 표현한다.

독자 의견

독자 의견을 언제나 환영한다. 이 책에 대한 생각을 알려주기 바란다. 이 책의 좋은 점이나 싫었던 점을 가리지 않아도 된다. 독자에게 더욱 유익한 도서를 만들기 위해 무엇보다 독자 의견이 중요하다.

일반적인 의견이라면 도서 제목으로 이메일 제목을 적어서 feedback@ packtpub.com으로 이메일을 보내면 된다.

자신의 전문 지식을 바탕으로 도서를 집필하거나 기여하는 데 관심이 있다면 http://www.packtpub.com/authors에 있는 저자 가이드를 읽어보기 바란다.

고객 지원

팩트출판사의 구매자가 된 독자에게 도움이 되는 몇 가지를 제공하고자 한다.

예제 코드 다운로드

이 책에 사용된 예제 코드는 http://www.packtpub.com의 계정을 통해 다운로드할 수 있다. 다른 곳에서 구매한 경우에는 http://www.packtpub.com/support를 방문해 등록하면 파일을 이메일로 직접 받을 수 있다. 또한 에이콘출판사의 도서정보 페이지인 http://www.acornpub.co.kr/book/mariadb-start-2에서도 예제 코드를 다운로드할 수 있다.

오탈자

내용을 정확하게 전달하려고 최선을 다했지만 실수가 있을 수 있다. 오탈자를 발견해서 알려준다면 매우 감사하게 생각할 것이다. 그런 참여를 통해 그 밖의 독자에게 도움을 주고, 다음 버전의 도서를 더 완성도 높게 만들 수 있다. 오자를 발견한다면 http://www.packtpub.com/submit-errata를 방문해 책을 선택하고, Errata Submission Form 링크를 클릭해서 구체적인 내용을 입력해주기 바란다. 보내순 오류 내용이 확인되면 웹사이트에 그 내용이 올라가거나 해당 서적의 정오표 부분에 그 내용이 추가될 것이다. http://www.packtpub.com/books/ content/support에서 해당 도서명을 선택하면 기존 정오표를 확인할 수 있다. 한국어판은 에이콘출판사 도서정보 페이지 http://www.acornpub.co.kr/book/ mariadb-start-2에서 찾아볼 수 있다.

저작권 침해

인터넷의 모든 매체에서 저작권 침해가 심각하게 벌어진다. 팩트출판사에서는 저작권과 사용권 문제를 아주 심각하게 인식한다. 어떤 형태로든 팩트출판사 서적의 불법 복제물을 인터넷에서 발견한다면 적절한 조치를 취할 수 있도록 해당 주소나 사이트명을 알려주길 부탁한다.

의심되는 불법 복제물의 링크를 copyright@packpub.com으로 보내주기 바란다.

저자와 더 좋은 책을 위한 팩트출판사의 노력을 배려하는 마음에 깊은 감사의 마음을 전한다.

질문

이 책과 관련해 질문이 있다면 questions@packtpub.com으로 문의하기 바란다. 최선을 다해 질문에 답하겠다. 한국어판에 관한 질문은 이 책의 옮긴이나 에이콘출판사 편집 팀(editor@acornpub.co.kr)으로 문의해주길 바란다.

1

마리아DB 설치

마리아DB^{MariaDB}를 사용하기 전에 먼저 설치해야 한다. 마리아DB 소스코드는 다양한 플랫폼과 시스템 아키텍처에서 실행할 수 있게 컴파일할 수 있다. 하지만 윈도우와 리눅스에서는 좀 더 사용하기 쉽게 미리 컴파일된 설치 파일을 제공한다.

마리아DB는 소스코드를 포함해서 다음과 같은 몇 가지 패키지 타입을 제공한다.

- 윈도우 MSI 패키지
- 리눅스 YUM 패키지
- 리눅스 APT 패키지
- 리눅스와 윈도우 바이너리

윈도우 MSI 패키지는 윈도우 8, 윈도우 XP, 그리고 두 버전 사이에 있는 다른 윈도우에서 사용할 수 있다. 리눅스 .rpm 패키지는 YUM$^{Yellow\ Dog\ Updater,\ Modified}$ 패키지 관리자를 사용하는 페도라^{Fedora}, 센트OS^{CentOS}, 레드햇 계열의 배포판에서 사용할 수 있다. 리눅스 .deb 패키지는 APT$^{Advanced\ Packaging\ Tool}$ 패키지 관리자를 사용하는 데비안과 우분투 같은 배포판에서 사용할 수 있다. 1장에서는 이러한 설치 파일을 사용해서 설치하는 방법을 모두 다룬다. 리눅스와 윈도우 바이너리 등의 4가지 타입을 다룰 예정이다. 바이너리 패키지는 비표준적 형태의 설정을 하길 원하는 마리아DB 사용자에게 유용하다. 윈도우 바이너리는 ZIP 파일로 돼 있고, 리눅스 바이너리는 .tar.gz 파일로 돼 있다.

마리아DB 바이너리는 좀 더 경험 많은 사용자가 사용하길 추천하지만, 바이너리 파일을 사용해서 설치하는 것이 특별히 더 어렵지는 않다. 리눅스 패키지와 윈도우 바이너리 패키지 각각을 설치하기 위한 공식 문서의 링크는 다음과 같다.

- https://mariadb.com/kb/en/installing-mariadb-binary-tarballs
- https://mariadb.com/kb/en/installing-mariadb-windows-zip-packages

맥OS X에서 마리아DB를 설치하는 패키지는 마리아DB 개발자가 직접 제공하지는 않지만, 서드파티에서 제공하고 있다.

설치할 패키지는 사용하는 시스템에 맞는 패키지를 선택하면 되기 때문에 쉽다. 윈도우를 사용한다면 MSI 패키지를 사용한다. 우분투나 데비안을 사용한다면 APT 패키지를 사용한다. 레드햇, 페도라 또는 센트OS를 사용한다면 YUM 패키지를 사용한다.

다음의 몇 가지 절은 패키지 타입별 설치 방법을 설명한다. 설치 방법을 알아보기 전에 시리즈에 대해 얘기해볼 필요가 있다. 알아볼 내용이 야구와는 아무 상관없지만, 쉽게 설명하기 위해 중간 중간 야구에 비유해본다.

따라서 요약하면 1장의 나머지 절들은 다음과 같은 내용을 다룬다.

- 마리아DB 시리즈 선택
- 윈도우에 마리아DB 설치
- 맥OS X에 마리아DB 설치

- 데비안, 우분투, 민트 리눅스에 마리아DB 설치
- 페도라, 레드헷, 센트OS에 마리아DB 설치
- 다른 리눅스 배포판에 마리아DB 설치
- 마리아DB 패키지 보안
- 설치 후 할 작업
- 설치 과정에 발생하는 문제에 대한 해결 방법

일부 내용을 건너뛰어도 되고 사용 중인 운영체제를 다루는 부분을 봐도 무방하다.

마리아DB 시리즈 선택

마리아DB는 시리즈라 불리는 여러 단계로 개발된다. 시리즈는 안정^{stable} 시리즈와 여러 개의 유지 보수^{maintenance} 시리즈가 있다. 종종 개발^{development} 시리즈가 있을 수도 있다. 데비안 리눅스가 취하는 안정과 불안정^{unstable} 버전의 형태와 유사하다.

개발 시리즈

마리아DB의 개발 시리즈는 새로운 기능과 특징을 추가한다. 미래의 새로운 스타를 발굴하고 세련되게 연마하는 마이너리그 야구를 생각해보면 된다. 이 시점에 현재 개발 시리즈의 품질은 릴리스 후보(테스트와 마이너버그 수정을 제외하면 일반적으로 사용할 준비가 된)가 되기 위한 알파(동작을 신뢰하기 힘든)와 베타(기능은 완벽하지만 버그 수정과 테스트가 많이 필요한) 사이가 된다.

개발 기간 동안에는 새로운 기능과 특징을 추가한 여러 번의 알파 릴리스가 나온다. 알파 릴리스에 따라 코드를 좀 더 정제한 베타 릴리스가 두 번 나온다. 그리고 마지막으로 수정한 릴리스 후보가 한 번 또는 두 번 나온다. 개발 시리즈의 마지막 단계는 안정 상태로 선언하고 안정 시리즈로 이동시킨다.

 현재 개발 시리즈가 릴리스 후보 상태라면 최신 안정 릴리스보다는 릴리스 후보 상태의 제품을 선택하고자 할 수도 있다. 대개의 경우 현재 안정 릴리스에 있는 제품을 선택하는 것이 가장 좋다.

안정 시리즈

마리아DB를 처음 시작하는 대부분의 사용자를 위해 안정 시리즈를 제공한다. 안정 시리즈는 가장 중요한 시리즈다. 그중에서도 가장 좋고 완벽한 버전은 현재 사용 가능한available 버전이다. 개발 시리즈가 안정 시리즈가 되는데 충분한 품질에 도달하면 마리아DB의 추천 버전이 되고, 이 시리즈를 사람들에게 알리기 시작한다.

안정 시리즈로 표기하고 나서 마리아DB 재단은 5년 동안 버그 및 보안 관련 수정 및 유지 보수를 지원한다. 현재 안정 시리즈나 유지 보수 시리즈 중 하나인지와는 상관없다. 처음 안정화된 시리즈에 따른다.

유지 보수 시리즈

개발한 시리즈가 안정 시리즈가 되면 현재 안정 시리즈는 유지 보수 시리즈로 이동한다. 이는 5년의 남은 기간 동안 여전히 버그를 수정하지만, 더 이상 마리아DB에서 추천하거나 선호하는 릴리스가 아니게 된다는 것을 뜻한다. 마리아DB의 예전 릴리스가 사용하기 굉장히 좋은 버전이었다고 생각해보자. 새로운 버전이 이를 대체하겠지만, 여전히 좋은 버전이다. 그렇다면 특정 시점에 유지 보수 시리즈가 3개, 4개 또는 그 이상의 마리아DB 메이저 버전이 있게 마련이다.

대부분의 리눅스 배포판은 기본적으로 MySQL과 호환되거나 대체 수단으로 패키지 관리자에 마리아DB가 있다. 마리아DB의 버전은 배포판 버전에 따라 다르고 때때로 마리아DB의 가장 최근 안정 버전이 있기도 하고 유지 보수 시리즈의 가장 최근 메이저 버전이 있기도 하다.

이제 각각의 메이저 운영체제에 마리아DB를 설치하는 방법을 살펴본다. 처음에는 윈도우, 그다음에는 맥OS X, 그러고 나서 데비안 GNU/리눅스와 우분투 리눅스, 페도라, 레드햇, 그리고 센트OS 리눅스, 마지막에는 다른 리눅스 배포판을 확인해본다.

윈도우에 마리아DB 설치

윈도우를 사용하면 ZIP 파일과 MSI 패키지라는 두 가지 타입의 마리아DB 설치 파일을 다운로드할 수 있다. 앞서 언급한 것처럼 ZIP 파일은 리눅스의 바이너리 .tar.gz 파일과 유사하고, 설치 방법을 잘 아는 전문가에게만 추천한다.

윈도우에서 마리아DB를 시작한다면 MSI 패키지를 사용하는 것을 추천한다. MSI 패키지를 사용할 때의 설치 과정은 다음과 같다.

1. https://downloads.mariadb.org/에서 MSI 패키지를 다운로드한다. 원하는 시리즈(대부분은 안정 시리즈)를 먼저 클릭하고 윈도우 64비트나 윈도우 32비트의 MSI 패키지를 선택한다. 컴퓨터 메모리가 4기가를 넘는다면 대부분의 경우 64비트 MSI 패키지를 받으면 된다. 의심스럽다면 32비트 패키지를 받으면 되고 32비트 패키지는 32비트나 64비트 컴퓨터에서 모두 동작한다.

2. 다운로드가 완료되면 설치 파일을 더블 클릭해서 MSI 설치 파일을 실행한다. 컴퓨터 설정에 따라 설치 화면이 자동으로 나타날 것이다. 그

러고 나서 마리아DB를 설치하는 과정을 하나씩 진행할 것이다.

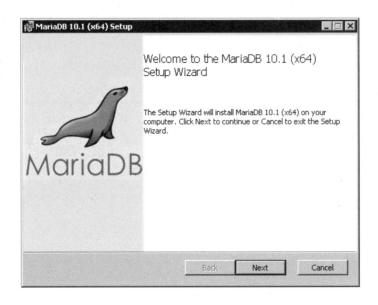

3. 마리아DB를 처음 설치한다면 화면에서 root 사용자의 비밀번호를 입력해야 한다. 'root' 데이터베이스 사용자의 비밀번호 변경^{Modify password for} ^{database user 'root'} 체크박스를 선택하고 입력 창에 두 번 적으면 된다.

4. 특별히 필요한 경우가 아니라면 원격 장비에서 root 사용자로 접속하는 것을 허용^{Enable access from remote machines for 'root' user}를 체크하지 말고 익명 사용자를 생성^{Create An Anonymous Account}도 체크하지 말자. 사용자를 만드는 방법은 4장에서 다룬다.

5. 서버의 기본 문자 집합을 UTF8로 사용^{Use UTF8 as the default server's character set} 체크박스는 기본적으로 체크돼 있지 않지만 다음의 화면처럼 체크하는 게 좋다.

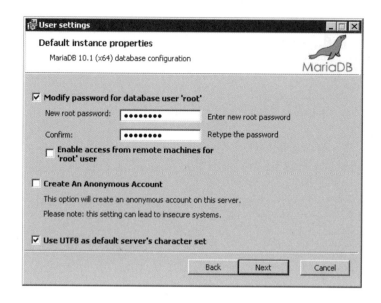

6. 서비스 형태로 설치^{Install as service} 박스는 기본적으로 체크돼 있고 컴퓨터를 부팅할 때마다 마리아DB를 시작하기 위해서는 그대로 놔두는 것을 추천한다.

7. 서비스명^{Service Name} 박스는 MySQL과의 호환을 위해 기본 값으로 설정되지만 변경해도 상관없다. 이 서비스명은 윈도우가 실행중인 서비스를 구분하기 위해 사용하고 마리아DB에는 영향을 주지 않는다. 이름을 변경하거나 기본으로 설정된 이름으로 두자.

8. 다른 컴퓨터에서 데이터베이스에 접속하고자 한다면 네트워킹 활성화 ^{Enable networking} 옵션을 체크하자. 다른 컴퓨터에서 접속하지 않는다면이 박스의 체크를 해제하는 것이 좋다. 서비스명처럼 원한다면 TCP 포트 번호(3306)를 변경할 수 있지만, 특별한 경우가 아니라면 기본 값을 그대로 사용하는 것이 가장 좋다.

9. 트랜잭션에 최적화^{Optimize for transactions} 체크박스도 기본적으로 체크돼 있다. 이 설정도 그대로 놔두는 것이 좋다.

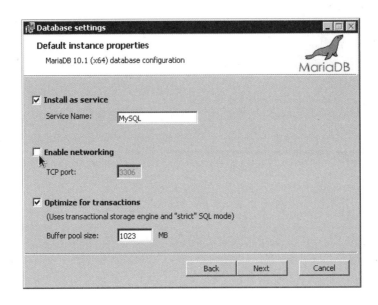

10. 다음 화면처럼 피드백 플러그인 활성화[Enable the Feedback plugin]를 체크하면
마리아DB 개발자에게 도움이 된다. 체크해서 사용하면 피드백 플러그
인이 마리아DB 측으로 사용 정보를 전송한다. 이 정보에는 어떤 플러
그인을 사용하는지, 마리아DB가 사용하는 메모라가 어느 정도인지, 그
리고 사용 중인 운영체제가 무엇인지 등을 포함한다. 마리아DB 개발
자는 마리아DB 개발 방향을 정할 때 이 정보를 사용한다.

11. 설치 화면을 통해 변경할 수 있는 설정이 더 있지만 대부분 나중에
my.ini 파일을 편집해서 변경할 수 있다. my.ini 파일을 수정해서 설정
을 변경하는 것은 2장에서 다룬다. 따라서 현재 설치하는 과정에서는

각각의 설정 값에 대해 걱정할 필요가 없다.

12. 사용자별로 권한을 제어하게 하는 윈도우 버전을 사용한다면 설치 파일을 사용해서 마리아DB를 설치하는 과정에 팝업이 떠서 권한에 대해 물어볼 것이다. 특별히 다른 이유가 없다면 예(Yes)를 클릭하자.

13. 설치 과정이 완료되면 마리아DB 폴더(MariaDB)가 시작 메뉴에 추가될 것이다. 폴더에는 mysql 클라이언트와 같은 다양한 링크가 들어있다. 링크 각각에 대해서는 5장에서 다시 다룬다.

 사용하는 컴퓨터에 예전 버전의 마리아DB나 MySQL이 이미 설치돼 있다면 설치한 버전의 데이터 파일로 업그레이드를 할지 물어보는데, 업그레이드하는 것이 가장 좋다.

14. 설치 완료 메시지를 담은 창이 나타나면 Finish 버튼을 클릭한다. 설명한 대로 했다면 축하한다. 마리아DB는 이제 윈도우 기반의 컴퓨터에 설치됐고 실행 중이다. 설치를 마치기 위해 Finish 버튼을 클릭한다.

맥OS X나 리눅스에서 마리아DB를 설치하는 방법은 이어서 설명한다. 맥OS X나 리눅스에서의 설치 방법은 필요 없다면 읽지 않아도 된다.

맥OS X에서 마리아DB 설치

오픈소스 패키지 관리자인 홈브류^{Homebrew}를 사용해서 맥OS X에 마리아DB를 쉽게 설치할 수 있다. 마리아DB를 설치하기 전에 시스템을 먼저 준비하자. 애플의 통합 개발 환경인 엑스코드^{Xcode}를 먼저 설치해야 한다. 엑스코드는 맥의 앱스토어에서 다운로드할 수 있다.

엑스코드를 설치하면 브류^{brew}를 설치할 수 있다. 브류를 설치하는 방법은 브류 프로젝트 웹사이트인 http://brew.sh에서 볼 수 있지만, 기본적인 설치 방법은 터미널에서 다음과 같은 명령을 실행하면 된다.

```
ruby -e "$(curl -fsSL
https://raw.githubusercontent.com/Homebrew/install/master/install)"
```

이 명령은 설치 파일을 다운로드하고 실행한다. 초기 설치 과정이 완료되면 다음 명령을 사용해서 설치에 필요한 모든 것을 적절히 처리한다.

```
brew doctor
```

`doctor` 명령의 출력 내용은 설치 과정에 나오는 잠재적인 이슈를 해결하는 방법을 함께 보여준다. 브류가 한 번 동작하면 다음 명령을 사용해서 마리아 DB를 설치할 수 있다.

```
brew update
brew install mariadb
```

 특정 마리아DB 시리즈를 선택하는 옵션이 없다. 따라서 브류의 최신 버전이 설치될 것이다. 브류를 설치하는 동안 데이터베이스 사용자의 비밀번호를 설정하기 위해 물어보지는 않는다. 하지만 비밀번호를 설정하지 않으면 굉장히 위험하다. 설치 직후 3장에서 다루는 내용을 참고해서 비밀번호를 변경하라.

마리아DB는 설치 후 자동으로 시작되지 않을 것이다. 자동으로 시작하게 하려면 다음 명령을 실행한다.

```
ln -sfv /usr/local/opt/mariadb/*.plist ~/Library/LaunchAgents
launchctl load ~/Library/LaunchAgents/homebrew.mxcl.mariadb.plist
```

마리아DB를 중지시키기 위해서는 다음처럼 `unload` 명령을 사용한다.

```
launchctl unload ~/Library/LaunchAgents/homebrew.mxcl.mariadb.plist
```

다음 절에서는 리눅스에서 마리아DB를 설치하는 방법을 설명한다. 리눅스에서의 설치 방법을 볼 필요가 없다면 1장의 마지막인 '설치 후 할 작업' 절로 바로 넘어가자.

데비안, 우분투, 민트 리눅스에 마리아DB 설치

데비안, 우분투 그리고 민트 리눅스에 마리아DB를 설치하는 과정은 쉽다. 다음의 저장소 설정 툴 페이지에 접속한다.

https://downloads.mariadb.org/mariadb/repositories

이 툴은 데비안, 우분투, 민트 리눅스 같은 APT 기반의 리눅스 배포판과 페도라, 센트OS, 레드햇 같은 YUM 기반의 리눅스 배포판에서 사용한다. 그리고 마제야^{Mageia}, 아크^{Arch} 리눅스, 수세, 오픈 수세 등과 같이 마리아DB가 기본으로 설치되는 배포판에서도 사용한다.

 많은 리눅스 배포판은 저장소에서 기본적인 MySQL 호환 데이터베이스 또는 대체 수단으로 마리아DB를 제공한다. 이 책은 리눅스 배포판의 저장소 대신 마리아DB 저장소에서 직접 마리아DB를 설치하는 방법을 다룬다.

이 툴을 사용하기 전에 사용할 우분투, 데비안, 민트 리눅스의 버전을 확인하자. 버전을 모른다면 다음 명령을 사용해서 쉽게 알 수 있다.

```
cat /etc/lsb-release
```

다음과 유사한 형태의 결과를 볼 수 있다.

```
DISTRIB_ID=Ubuntu

DISTRIB_RELEASE=14.04
```

```
DISTRIB_CODENAME=trusty

DISTRIB_DESCRIPTION="Ubuntu 14.04.1 LTS"
```

결과는 우분투 14.04.1 LTS 버전인 트러스티^{Trusty}를 사용하고 있다는 것을 보여준다. 따라서 저장소 설정 툴을 사용해서 우분투를 선택하고 14.04 LTS "trusty"를 선택한다. 그다음 설치하고자 하는 마리아DB의 버전이나 시리즈를 선택하면 된다. 마지막으로 사용할 미러사이트를 선택한다. 설정 툴은 세 가지 항목의 결과를 출력한다. 첫 번째는 마리아DB 저장소를 시스템에 추가하기 위한 명령이다. 두 번째는 마리아DB를 설치하기 위한 명령이고, 세 번째는 저장소가 동작하지 않을 경우 추가로 대체 가능한 설명이다.

예를 들면 osuosl 미러사이트를 사용해서 우분투 14.04 LTS 트러스티의 64비트 시스템을 위한 마리아DB 10.1을 설치하는 저장소를 추가하는 명령은 다음과 같다.

```
sudo apt-get install software-properties-common
sudo apt-key adv --recv-keys \
--keyserver hkp://keyserver.ubuntu.com:80 0xcbcb082a1bb943db
sudo add-apt-repository \
'deb http://ftp.osuosl.org/pub/mariadb/repo/10.0/ubuntu trusty main'
```

첫 번째 명령은 설치돼 있지 않다면 `software-properties-common` 패키지를 설치한다. 이 패키지에는 저장소를 설치하기 위해 사용하는 `add-apt-repository` 명령이 들어있다. 두 번째 명령은 마리아DB 패키지를 서명하기 위해 사용하는 GPG 키를 설치한다. GPG 키에 관련된 내용은 1장의 뒤에 나오는 '마리아DB 패키지 보안' 절을 참고한다. 세 번째 명령은 `add-apt-repository` 명령을 사용해서 저장소를 추가한다.

저장소가 설정됐다면 다음의 설치 명령을 사용해서 마리아DB를 설치할 수 있다.

```
sudo apt-get update
```

```
sudo apt-get install mariadb-server
```

mariadb-server 패키지는 다른 마리아DB 패키지 버전에 따라 영향을 받는다. 따라서 이렇게 두 개의 명령을 사용해서 마리아DB를 설치할 필요가 있다. 두 번째 apt-get 명령이 끝나면 마리아DB가 설치되고 실행된다.

페도라, 레드햇, 센트OS에 마리아DB를 설치하는 방법을 배우고 싶다면 계속 읽으면 된다. 마리아DB가 키를 사용해서 서명하는 데 관심이 있다면 '마리아DB 패키지 보안' 절로 바로 이동하면 되고, 마리아DB를 바로 사용하고 싶다면 '설치 후 할 작업' 절로 이동하면 된다.

페도라, 레드햇, 센트OS에 마리아DB 설치

페도라, 레드햇, 센트OS에 마리아DB를 설치하려면 YUM^{Yellowdog Updater, Modified} 패키지 관리자를 사용하면 된다. 이 경우 두 가지 단계를 거친다. 먼저 마리아DB를 위한 저장소^{repo} 파일을 만들고 두 번째는 마리아DB를 설치한다.

저장소 파일에 필요한 텍스트를 만들기 위해 마리아DB 저장소 설정 툴 페이지인 https://downloads.mariadb.org/mariadb/repositories/에 접속한다.

 이 툴은 데비안, 우분투, 민트 같은 APT 기반의 리눅스 배포판과 페도라, 센트OS, 레드햇과 같은 Yum 기반의 리눅스 배포판, 그리고 마제야(Mageia), 아크, 수세, 오픈수세처럼 마리아DB가 내장된 배포판에서 사용할 수 있다.

텍스트를 만들기 위해 사용할 배포판과 배포판 릴리스, 설치할 마리아DB 버전을 클릭한다. 그러면 적절한 저장소 파일 정보가 표시될 것이다.

예를 들어 센트OS7 64비트 버전에서 마리아DB 10.1을 설치하기 위한 저장소 정보는 다음과 같다.

```
# 마리아DB 10.1 센트OS 저장소 목록
# http://mariadb.org/mariadb/repositories/
[mariadb]
name = MariaDB
baseurl = http://yum.mariadb.org/10.1/centos7-amd64
gpgkey=https://yum.mariadb.org/RPM-GPG-KEY-MariaDB
gpgcheck=1
```

gpgkey 라인은 GPG 서명 키가 위치한 곳을 YUM에게 알려준다. gpgcheck=1 라인은 마리아DB 패키지를 확인하기 위한 서명 키를 항상 사용한다고 YUM에게 지시한다.

처음 시스템에 마리아DB를 설치할 때에는 키를 갖고 있지 않기 때문에 YUM이 키를 다운로드해서 설치한다. YUM이 이전에 키를 사용한 적이 없다면 키를 가져올 때까지 물어볼 것이다. 마리아DB GPG 서명 키에 대한 세부적인 정보는 '마리아DB 패키지 보안' 절을 보자.

텍스트 편집기를 사용해서 저장소 설정 툴이 만든 텍스트를 복사해서 붙여 넣는다. 파일명은 MariaDB.repo를 사용하길 추천한다. 이 파일을 다음 명령을 사용해서 /etc/yum.repos.d/ 폴더로 옮긴다.

```
sudo mv -vi MariaDB.repo /etc/yum.repos.d/
```

이 파일을 옮기는 것으로 마리아DB를 설치할 준비가 된 것이다. 다음과 같은 명령을 사용해서 마리아DB를 설치한다.

```
sudo yum install MariaDB-server MariaDB-client
```

패키지 이름에서 첫 글자가 대문자인 것에 주의하자. MariaDB-server 대신 mariadb-server라고 쓰면 패키지를 찾을 수 없다. 마리아DB가 포함된 배포판을 사용한다면 마리아DB 프로젝트의 버전 대신 마리아DB가 포함된 배포판의 버전을 사용해야 한다.

YUM은 마리아DB를 설치하기 위해 필요한 다른 패키지를 모아서 함께 설치할 필요가 있는 패키지 목록을 나열한다. 다음의 스크린샷은 마리아DB를 설치할 때 함께 설치할 패키지를 보여준다.

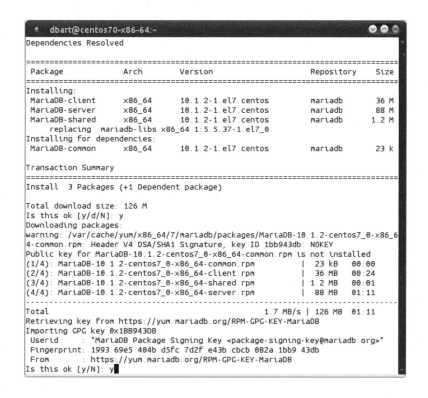

y를 누르고 엔터 키를 누르면 설치가 진행되고 GPG 서명 키를 승인하는 프롬프트가 나올 것이다. y를 눌러 진행 상황을 확인할 수 있다. YUM은 마리아DB를 다운로드하고 설치한다. 그리고 Complete! 메시지와 함께 설치가 완료된다.

설치의 마지막 단계로 다음 명령을 사용해서 마리아DB를 시작한다.

```
sudo /etc/init.d/mysql start
```

모든 것이 문제없이 진행됐다면 다음과 같은 형태로 출력될 것이다.

```
[dbart@centos70-x86-64 ~]$ sudo /etc/init.d/mysql start
Starting MySQL.. SUCCESS!
```

마리아DB가 설치됐고 동작하고 있다.

마리아DB 서명 키에 관심이 있다면 '마리아DB 패키지 보안' 절로 이동하면 되고, 마리아DB를 바로 사용하고자 한다면 '설치 후 할 작업' 절로 넘어가자.

다른 리눅스 배포판에 마리아DB 설치

마리아DB는 앞서 언급한 리눅스 배포판 외의 다른 리눅스 배포판에서도 사용이 가능하다. 하지만 앞서 살펴본 배포판처럼 정해진 형태의 리눅스 바이너리를 마리아DB 개발자가 직접 제공하지는 않는다. 특정 배포판에 맞추지 않은 바이너리를 사용해서 설치하는 방법은 https://mariadb.com/kb/en/mariadb/installing-mariadb-binary-tarballs/에서 볼 수 있다.

바이너리 패키지를 설치하기 전에 마리아DB가 이미 설치돼 있는지 배포판의 패키지 관리자를 통해 확인할 필요가 있다.

마리아DB 패키지 보안

마리아DB 개발자가 제공하는 패키지는 yum과 apt 같은 패키지 관리자가 확인할 수 있게 보안 키로 서명된다. 리눅스에서 키를 서명하거나 확인하는 방법을 GPG^Gnu Privacy Guard라고 부른다. GPG는 업계 표준의 데이터 암호화, 복호화 및 시스템을 확인하는 PGP^Pretty Good Privacy의 오픈소스 버전이다.

마리아DB 서명 키의 식별번호^GPG ID는 0xcbcb082a1bb943db다. GPG를 오래 사용한 사용자는 ID가 조금 길어 보일 수 있다. 최근까지 GPG ID는 짧은 형태로 주로 공유했기 때문이다. GPG의 취약성 때문에 실망할 수 있겠지만, 기본적으로 아직은 짧은 형태를 표기하고 있다. ID가 좀 더 길면 보안상 더 좋아서 마리아DB 개발자가 키에 대해 얘기할 때는 긴 값을 공유한다. 하지만 짧은 값을 원한다면 ID의 짧은 형태는 1BB943DB(ID의 긴 형태의 마지막 8개 문자)이다. 좀 더 조심스러운 경우 사용하는 완전한 키의 전자 정보는 다음과 같은 값이다.

1993 69E5 404B D5FC 7D2F E43B CBCB 082A 1BB9 43DB

키 아이디와 전자 정보는 마리아DB 지식베이스에 이미 올라가있다. 그 내용은 공식 마리아DB 문서 페이지인 https://mariadb.com/kb/en/mariadb/gpg/에서 볼 수 있다.

리눅스 패키지 관리자가 패키지의 시그니처를 체크해서 마리아DB 개발자가 제공한 패키지인지 아닌지를 구분하고 함부로 변경하지 않게 해준다.

데비안과 우분투에 마리아DB 저장소를 설정하거나 페도라, 레드햇, 센트OS에 처음 마리아DB를 설치하는 동안 키에 서명하는 것은 중요하다. 아이디와 전자 정보를 비교해서 키를 확인하는 것은 매우 좋은 방법이다. 고맙게도 키에 서명하는 과정은 한 번만 하면 되고, 그 이후 과정은 모두 자동으로 이뤄진다. 혹시 서명하는 과정에서 실패하면 알려준다.

마리아DB 윈도우, 바이너리 리눅스와 마리아DB 소스코드 파일은 두 가지 방법으로 확인할 수 있다. 첫 번째 방법은 다운로드한 파일의 md5sum 파일과 마리아DB 다운로드 페이지의 md5sum 파일을 비교한다. 두 번째 방법은 파일의 암호 시그니처를 확인하기 위해 PGP나 GPG를 사용하는 방법이다. 이런 시그니처는 마리아DB 다운로드 페이지에도 있다.

설치 후 할 작업

마리아DB 설치 후 마리아DB를 빨리 테스트할 수 있다. 터미널이나 명령
프롬프트를 띄워 다음 명령을 실행한다. 윈도우에서는 마리아DB 폴더
(MariaDB)의 mysql.exe 파일을 사용할 수도 있다.

```
mysql -u root -p
```

이 명령은 root 사용자(-u root)로 마리아DB에 접속하고 사용자의 비밀번호
(-p)를 물어본다. 비밀번호를 물어보는 프롬프트가 뜨면 설치 과정에서 설정
한 비밀번호를 입력한다. 설치 과정에서 비밀번호를 입력하지 않았다면 -p
를 제거하고 명령을 실행한다. 비밀번호를 별도로 설정할 때까지 비밀번호
없이도 접속할 수 있다.

root 사용자가 비밀번호를 갖지 않는 것은 위험할 수 있다. 설치 과정에서
비밀번호를 설정하지 않았다면 3장에서 설명하는 대로 바로 설정하는 것이
좋다.

마리아DB가 성공적으로 설치되고 시작됐다면 mysql 명령 클라이언트를 실
행한 후 이전의 명령을 실행하면 다음과 같은 화면을 볼 수 있다.

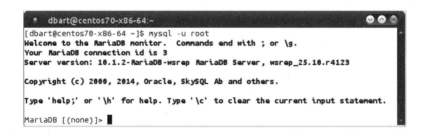

마리아DB 명령 창에서 앞의 스크린샷과 같은 화면이 보인다면 축하한다!
마리아DB를 설치했고 명령 클라이언트로 서버에 성공적으로 접속했다. 지
금 명령 클라이언트를 중지할 수 있다. 그래도 걱정하지 마라. 곧 다시 살펴
볼 것이다.

설치 과정에 발생하는 문제에 대한 해결 방법

마리아DB 설치 파일은 매우 잘 동작한다. 설치 파일은 테스트를 했고 정기적으로 다시 테스트를 하고 있다. 마리아DB를 설치하거나 처음 실행하는 과정에서 가끔은 문제가 발생한다. 그러나 대부분은 사용자가 영향을 받지 않을 만큼 바로 문제가 해결된다.

마리아DB를 시작하는 과정에서 문제가 발생한다면 어떻게 해야 하는가?

먼저 에러 로그$^{error\ log}$를 살펴본다. 마리아DB 에러 로그는 시스템 로그 파일(예를 들면 리눅스의 경우 /var/log/ 아래)이나 마리아DB 데이터 디렉토리에 저장된다. 마리아DB의 데이터 디렉토리는 리눅스에서 대개 /var/lib/mysql/이고, 윈도우에서는 C:\Program Files\MariaDB 〈버전〉\data\다. 여기서 〈버전〉은 마리아DB 버전을 지칭한다. 맥OS X에서는 /usr/local/var/mysql/을 사용한다. 에러 로그 파일 자체는 mysql.err이거나 호스트명.err 파일명을 사용한다. 여기서 호스트명은 마리아DB를 설치한 컴퓨터의 이름이다. my.cnf나 my.ini 파일을 수정해서 로그 파일의 파일명과 위치를 수정하는 것도 가능하다. 2장에서는 my.cnf나 my.ini 같은 설정 파일을 다룬다.

각 에러 로그 파일의 내용은 에러가 발생한 시각과 그 시각에 발생한 에러의 내용을 보여준다. 때때로 에러 내용은 문제를 파악하는 데 충분한 내용을 제공하지만, 때때로는 도움만 약간 주는 정도다. 에러를 이해하지 못하더라도 실망할 필요는 없다. 전문가들도 때때로 원인을 파악하지 못하곤 한다. 도움이 더 필요하다면 참고할 만한 자료들이 있다. 특히 마리아DB 메일링 리스트와 공식적인 IRC 채널은 크게 도움이 될 것이다.:

https://mariadb.com/kb/en/mariadb/where-are-other-users-and-developers-of-mariadb/

요약

1장에서는 다양한 운영체제에서의 마리아DB 설치 방법을 다뤘다. 2장에서는 마리아DB를 설치한 후 설정하는 방법을 다룬다.

2

마리아DB 설정

마리아DB는 일반적인 사용에 적합하게 설정돼 설치된다. 대부분의 경우에는 좋지만, 로드가 큰 실제 서비스 시스템의 데이터베이스 애플리케이션에는 적합하지 않다. 필요한 형태로 마리아DB를 설정하는 데는 수천 가지의 방법이 있다. 많은 책들이 이런 주제를 다룬다. 2장에서는 마리아DB 설정 파일을 편집하기에 충분한 기본 지식을 다루고, 다양한 사항을 알아본다. 특정 부분을 강조하는 형태로 하나씩 살펴보자.

2장에서 다루는 내용은 다음과 같다.

- 마리아DB 파일 시스템의 구조
- 리눅스의 모듈 설정
- 마리아DB 설정 파일의 구조
- 변경한 설정을 반영

마리아DB 파일 시스템의 구조

마리아DB는 한 개의 파일이나 한 개의 디렉토리로 구성되지 않는다. 첫 번째로 파일 시스템의 구조에 대해 알아보자. 윈도우부터 시작해서 그다음 리눅스를 살펴보겠다.

윈도우의 마리아DB 파일 시스템 구조

윈도우에서 마리아DB는 다음과 같은 형태의 디렉토리에 설치된다.

C:\Program Files\MariaDB 〈메이저 버전〉.〈마이너 버전〉\

위 디렉토리명에서 〈메이저 버전〉과 〈마이너 버전〉은 마리아DB 버전 문자에서 첫 번째와 두 번째 번호다. 마리아DB 10.1이라면 다음처럼 표현된다.

C:\Program Files\MariaDB 10.1\

디렉토리는 설치하는 도중에 변경되기도 한다. 마리아DB 32비트 버전을 윈도우 64비트 버전에 설치하면 마리아DB 설치 디렉토리는 다음과 같다.

C:\Program Files x86\MariaDB 〈메이저 버전〉.〈마이너 버전〉\

윈도우에서 마리아DB 디렉토리 아래에는 4개의 중요한 디렉토리(bin, data, lib, include)가 있다. 마리아DB 디렉토리 아래에는 여러 가지 설정 예제와 다른 파일들도 있고, 두 개의 추가 디렉토리(docs와 share)도 있다. 하지만 여기서 모두 다루지는 않을 것이다.

bin\ 디렉토리는 마리아DB의 실행 파일이 들어있다.

data\ 디렉토리는 데이터베이스가 저장되고 마리아DB의 가장 중요한 설정 파일인 my.ini도 들어있다. 설정 파일에 대해서는 '마리아DB 설정 파일의 구조' 절에서 설명한다.

lib\ 디렉토리는 여러 가지 라이브러리와 플러그인 파일이 들어있다.

마지막으로 include\ 디렉토리에는 애플리케이션 개발에 유용한 파일들이 들어있다.

bin\, lib\, include\ 디렉토리에 대해서는 걱정할 필요가 없다. 그 디렉토리가 있고 디렉토리에 들어있는 파일의 종류만 알면 된다. data\ 디렉토리는 2장에서 대부분 다룬다.

리눅스에서 마리아DB의 파일 위치는 다음 절에서 다룬다. 필요 없다면 '마리아DB 설정 파일의 구조' 절로 바로 이동해도 된다.

리눅스에서 마리아DB 파일 시스템의 구조

리눅스 배포판에서 마리아DB는 리눅스가 가진 기본 파일 시스템 구조를 따른다. 윈도우를 사용한다면 이 절은 보지 않아도 된다.

예를 들어 마리아DB 바이너리는 /usr/bin/ 디렉토리에 있고 라이브러리는 /usr/lib/ 디렉토리에 있다. 매뉴얼 페이지는 /usr/share/man/에 있다.

하지만 반드시 알아둬야 할 마리아DB만의 디렉토리와 파일들이 위치한 경로가 있다. 두 경로는 대부분의 리눅스 배포판에서 동일한데, 그 경로는 /usr/share/mysql/ 디렉토리와 /var/lib/mysql/ 디렉토리다.

/usr/share/mysql/ 디렉토리에는 마리아DB의 초기 설치 과정에서 사용해 도움이 된 스크립트, 에러나 시스템 메시지를 다른 언어로 표기한 번역문, 그리고 문자 집합 정보 등이 있다. /usr/share/mysql/ 디렉토리의 내용에 대해서는 걱정할 필요가 없다. 디렉토리가 있고 중요한 파일을 갖고 있다는 것만 아는 것으로도 충분하다.

/var/lib/mysql/ 디렉토리는 실제 데이터베이스 데이터와 로그 같은 관련 파일의 기본 경로다. 또한 /var/lib/mysql/ 디렉토리에 대해서도 걱정할 필요가 없다. 마리아DB가 이 디렉토리의 내용을 알아서 다룬다. 이 디렉토리가 있다는 것만 알아두자.

마리아DB 플러그인이 저장되는 디렉토리를 알아보자. 앞서 살펴본 두 개의 디렉토리와는 달리 플러그인이 저장되는 디렉토리는 다양하다. 데비안과 우분투는 다음과 같은 경로를 사용한다.

/usr/lib/mysql/plugin/

페도라, 레드햇, 센트OS 같은 배포판에서는 시스템이 32비트인지 64비트인지에 따라 플러그인 디렉토리가 다르다. 정확하지 않다면 대개는 두 개의 디렉토리 중 하나를 사용한다. 가능한 경로는 다음과 같은 두 개의 디렉토리다.

/lib64/mysql/plugin/
/lib/mysql/plugin/

경험에 따르면 /lib64/ 디렉토리가 없을 경우 페도라, 레드햇, 센트OS의 32비트 버전이 설치돼 있는 것이다.

/usr/share/mysql/처럼 마리아DB 플러그인 디렉토리의 내용에 대해서는 걱정할 필요가 없다. 디렉토리가 있고 중요한 파일이 들어 있다는 정도만 아는 것으로 충분하다. 새로운 플러그인이 설치되면 이 디렉토리에 설치될 것이다.

마지막으로 살펴볼 디렉토리는 /etc/mysql/로, 데비안과 우분투처럼 데비안 기반의 배포판에서 볼 수 있다.

/etc/mysql/ 디렉토리는 마리아DB의 설정 정보가 있고, 경로는 다음과 같다.

/etc/mysql/my.cnf
/etc/mysql/conf.d/

conf.d 디렉토리 안에 몇 가지 다른 파일도 있지만, 지금은 무시해도 된다. '마리아DB 설정 파일의 구조' 절에서 my.cnf 파일에 대해 좀 더 세부적으로 알아본다. 그리고 '리눅스의 모듈별 설정' 절에서 /etc/mysql/conf.d/ 디렉토리에 대해 알아본다.

페도라, 레드햇, 센트OS, 그리고 관련 시스템은 기본적으로 /etc/mysql/ 디렉토리가 없다. 하지만 데비안과 우분투에는 my.cnf 파일과 /etc/mysql/conf.d/ 디렉토리와 동일한 역할을 하는 파일과 디렉토리가 있다. 두 가지의 경로는 다음과 같다.

/etc/my.cnf
/etc/my.cnf.d/

my.cnf 파일은 리눅스와 윈도우에서 동일한 기능을 한다. 종종 파일명이 my.ini일 때도 있다. /etc/my.cnf.d/와 /etc/mysql/conf.d/ 디렉토리는 이름이 다르지만 비슷한 역할을 한다. 두 디렉토리인 /etc/my.cnf.d/와 /etc/mysql/conf.d/에 대해 다음 절에서 알아본다.

리눅스의 모듈별 설정

/etc/my.cnf.d/와 /etc/mysql/conf.d/ 디렉토리는 마리아DB 설정 파일을 두는 특별한 경로다. 이 디렉토리는 데비안, 우분투, 페도라, 레드햇과 센트OS 같은 리눅스에서 사용하는 마리아DB 릴리스에서 볼 수 있다.

어느 리눅스 배포판이든 두 개의 경로 중 한 개만 가질 것이고, 어떤 경로든 두 디렉토리 모두 기능은 동일하다. 이 디렉토리는 my.cnf 파일을 편집하거나 수정할 필요 없이 마리아DB 설정 파일을 추가해서 패키지 관리자(APT나 YUM)가 마리아DB 패키지의 설치를 가능하게 한다. 설정 파일을 한 개만 사용할 때 새로운 플러그인 패키지를 설치하고 설정 파일을 수정해서 덮어쓰기를 한다면 문제가 발생할 가능성이 있다는 것을 상상하는 것은 쉽다. my.cnf.d나 conf.d 같은 디렉토리를 사용하면 패키지 관리자는 디렉토리에 간단히 파일만 추가하는 방법을 사용할 수 있다.

마리아DB 서버 또는 클라이언트 및 마리아DB에 포함된 유틸리티는 시작할 때 가장 주된 my.cnf 파일을 먼저 읽고 설정 파일의 마지막 설정으로 인해

/etc/my.cnf.d/ 또는 /etc/mysql/conf.d/ 디렉토리에 들어있는 .cnf 확장자를 사용하는 파일을 모두 읽을 것이다. 예를 들어 마리아DB는 마리아DB 개발자에게 익명의 통계 정보를 전송하는 피드백^{feedback}이라 불리는 플러그인을 갖고 있다. 마리아DB 개발자는 향후 개발에서 오류 수정이나 기능 추가에 참고하도록 이러한 정보를 사용한다. 기본 설정에서는 사용하지 않는 것으로 돼 있지만 마리아DB 설정 파일의 [mysqld] 그룹(다음 절에서 설정 그룹에 대해서 다룬다)에 feedback=on을 추가해서 사용하게 변경할 수 있다. my.cnf 파일에 이 설정을 추가할 수도 있지만 feedback.cnf 파일(마리아DB는 파일명은 중요하지 않다. .cnf 확장자만 다룬다)을 만들어서 다음 설정을 추가할 수도 있다.

```
[mysqld]
feedback=on
```

feedback.cnf 설정 파일을 /etc/my.cnf.d/나 /etc/mysql/conf.d/ 디렉토리에 두고 서버가 feedback.cnf 파일을 읽어서 플러그인이 동작할 수 있게 서버를 시작하거나 재시작한다. 하나의 마리아DB에 한 개의 플러그인을 동작하지만 100개의 서버가 있다고 생각해보자. 게다가 서버는 모두 다르고 각각의 서버는 각각의 my.cnf 설정 파일을 갖고 있다. 모든 서버에 피드백 플러그인을 동작시키는 데 feedback.cnf 파일을 사용하지 않는다면 각각의 서버에 수동으로 my.cnf 설정 파일의 [mysqld] 그룹에 feedback=on을 추가해야 한다. 이런 작업은 성가시고 실수를 유발할 수 있기 때문에 때로는 자동 편집 기능을 생각하게 만든다. 한 개의 설정 파일을 각각의 서버에 복사하는 방법이 훨씬 더 빠르고 안전하다. 그리고 자동화된 배포 시스템을 갖고 있다면 모든 서버에 파일을 복사하는 것은 순식간이다.

 my.cnf 파일의 설정이 로드된 후 /etc/my.cnf.d/나 /etc/mysql/conf.d/ 디렉토리의 설정 파일이 로드되기 때문에 my.cnf 파일의 설정에 동일한 것이 있으면 덮는다. 이러한 특징을 원하고 기대했다면 좋을 수 있다. 반대로 기대한 것과 다르면 좋지 않다.

마리아DB 설정 파일의 구조

처음 마리아DB 설정 파일의 내용을 보는 건 무서운 경험일수도 있다. 하지만 그렇지 않을 수도 있다. 마리아DB 설정 파일은 논리적으로 굉장히 잘 배치돼 있다. 가끔은 알기 어려운 부분이 있기도 하다. 먼저 간단히 살펴보고 설정 파일을 구성하는 다양한 부분을 하나씩 살펴보자.

설정 파일은 텍스드 파일이고 즐겨 사용하는 문서 편집기 프로그램으로 수정할 수 있다. 파일의 확장자(.ini나 .cnf)는 다르더라도 무시할 수 있는 빈 줄 외에는 설정 파일의 내용이 동일하다. 마리아DB 설정 파일은 주석, 그룹, 설정 값을 생략 가능한 옵션, 설정 값을 가져야 하는 옵션의 중요한 네 가지 항목으로 나눌 수 있다. 순서대로 알아볼 것이다.

설정 파일은 어디 있을까?

이 질문에 대한 답은 한 가지인 것처럼 보이지만, 유연하게 생각하도록 노력해야 한다. 마리아DB는 여러 가지 경로에서 my.cnf나 my.ini 설정 파일을 찾는다.

앞에서 설명한 것처럼 윈도우에서 마리아DB 설정 파일명은 기본적으로 my.ini이고, 데이터 디렉토리(데이터 디렉토리의 경로를 찾으려면 '윈도우의 마리아DB 파일 시스템 구조' 절을 보자)에서 찾을 수 있다. 리눅스처럼 my.cnf로 이름을 바꿀 수도 있고, 다음과 같은 몇 가지 경로에서 찾을 수 있다.

C:\WINDOWS\my.ini
C:\WINDOWS\my.cnf
C:\my.ini
C:\my.cnf

리눅스에서 마리아DB 설정 파일은 언제나 my.cnf이고, 다음과 같은 두 가지 경로 중 하나에서 찾을 수 있다.

/etc/my.cnf

/etc/mysql/my.cnf

마리아DB는 두 경로에서 파일을 찾지만 두 경로 모두 파일이 있다면 먼저 찾은 파일을 읽고 두 번째 읽은 파일의 설정 중 겹치는 설정을 덮을 것이다. 따라서 혼란을 막기 위해 한 개의 파일만 가져가는 게 좋고, 파일이 중복인 이유가 있더라도 한 개로 합쳐야 한다.

주석

주석은 #(해시문자)이나 ;(세미콜론)으로 시작한다. 마리아DB는 주석을 무시한다. 종종 유용한 정보를 갖고 있기도 하고 파일의 변경 사항을 적어두기도 한다. 주석은 줄의 중간부터 시작할 수도 있다. 주석을 시작하는 문자가 줄의 마지막까지 주석으로 표기한다고 생각해보자. 그 경우 다음과 같다.

```
# 여기는 주석이다.
; 여기도 주석이다.
port = 3306 # 'port' 옵션에 대한 주석이다.
```

그룹

그룹은 설정을 담는 영역이다. 일반적인 마리아DB 설치는 서버 프로그램, 한 개 이상의 클라이언트 프로그램, 그리고 다양한 유틸리티 프로그램으로 구성된다. 이런 각각은 그룹별로 자체적인 설정을 가지며 my.cnf나 my.ini 파일에 모두 설정할 수 있다. 각각의 마리아DB 시리즈별로 각자의 그룹을 가진다(동일한 설정을 사용하지만 이전 버전에는 영향을 주지 않게 개발 버전을 사용해서 새로운 기능을 사용하고자 할 때 유용하다).

그룹은 그룹의 이름으로 시작하고 그룹 이름은 중괄호로 감싼다. 하나의 그룹 설정은 파일의 끝까지 사용할 수도 있고 다음 그룹의 시작 지점까지만 사용할 수도 있다. mysqld 그룹 설정의 예를 살펴보자.

```
[mysqld]
# 여기는 mysqld 프로그램을 위한 설정 옵션이다.
```

mysqld는 마리아DB 서버 프로그램 바이너리의 이름이다. 그룹은 바이너리 파일명의 뒤에 붙은 이름이다. [mysqld]에 다음처럼 추가로 다른 공통 그룹이 포함된다.

```
[server]
  # [mysqld]와 동일
[mysql]
  # mysql 명령 클라이언트를 위한 설정 옵션
[client]
  # [mysql]과 동일
[client-server]
  # 클라이언트와 서버 모두 사용하는 설정 옵션
[mysqladmin]
  # mysqladmin 프로그램을 위한 설정 옵션
[mysqlcheck]
  # mysqlcheck 유틸리티를 위한 설정 옵션
[mariadb-10.1]
  # 마리아DB 10.1 시리즈 서버를 위한 설정 옵션
```

예제에는 많은 그룹이 있지만 각각의 그룹이 무엇인지 이해할 수 있을 것이다. 원하는 것 하나만 사용하고 다른 것들은 무시할 수도 있다.

각각의 그룹에서 옵션을 선택했다. 값이 필요 없는 두 가지 타입이 있다.

설정 값을 생략 가능한 옵션

각각의 설정은 값을 갖기도 하고 갖지 않기도 한다. 등호(=)를 사용하지 않으면 그 설정은 값이 필요 없다. 이런 설정은 켜기/끄기 형태라 값을 할당하지 않아도 된다. 설정 앞에 주석이 없다면 그 설정의 기능을 사용하는 것이다. 값을 할당해야 하는 설정이거나 설정 앞에 주석을 붙였다면 그 설정은 기본 값(ON 또는 OFF)을 사용하게 된다. no-auto-rehash 예를 살펴보자. 기본 값이 ON인 이 기능을 끄기 위해 다음처럼 =OFF를 추가한다.

```
no-auto-rehash=OFF
```

이 설정에 =ON을 추가해서 이 기능을 좀 더 명확하게 사용할 수도 있다.

설정 값을 가져야 하는 옵션

앞에서 언급한 것처럼 몇 가지 설정은 설정 값이 반드시 필요하다. 예를 들어 마리아DB의 my.cnf 파일의 우분투 버전에서 기본이 되는 [client] 그룹은 다음과 같은 두 가지 설정을 가진다.

```
port = 3306
socket = /var/run/mysqld/mysqld.sock
```

포트 및 소켓과 같이 설정이나 설정 값을 반드시 가져야 하는 다른 설정은 설정 값을 적어주지 않으면 에러가 발생하고 마리아DB가 시작할 때 설정이 적용되지 않는다.

 리눅스 my.cnf 파일의 마지막 줄은 다른 설정과는 성격이 다르다. 느낌표(!)로 시작하고 /etc/mysql/conf.d/나 /etc/my.cnf.d/ 디렉토리를 포함시키기 위해 사용한다. 따라서 절대로 변경하거나 삭제하지 말아야 한다.

옵션 포매팅

옵션명이 대소문자를 구분하지 않는다는 점을 기억해두자. 등호(=) 주위에 공백을 넣을 수 있다. 옵션명에 대시(-)나 언더스코어(_)를 사용할 수 있다. 예를 들어 다음의 두 설정은 같다.

```
max_allowed_packet = 1M
MAX-Allowed-Packet = 1M
```

이 설정은 반드시 값을 할당해야 한다는 점('설정 값을 가져야 하는 옵션' 절에서 언급한)에서 예외다. 리눅스처럼 대소문자를 구별하는 파일 시스템에서 설정 값이 파일이나 경로라면 설정 값은 대소문자를 구별한다. 설정명은 대소문자를 구별하지 않지만 설정 값은 다르다. 예를 들어 다음의 세 예제 중 처음 두 개는 세 번째 설정과 동일하게 동작하지 않는다(따라서 리눅스에서는 의도한 대로 동작하지 않는다).

```
socket = /var/run/mysqld/mysqld.sock
SOCKET = /var/run/mysqld/mysqld.sock
socket = /VAR/run/MySQLd/mysqld.sock
```

my.cnf나 my.ini 파일을 읽기 편하게 유지하기 위해서는 마리아DB가 대소문자를 가리지 않더라도 설정명은 소문자로 유지하는 것이 가장 좋다.

옵션, 옵션을 지정하는 곳

마리아DB에 포함된 각각의 프로그램과 유틸리티는 사용할 때 별도의 옵션을 지정할 수 있다. --help 옵션을 사용해서 명령을 실행하면 프로그램이 사용할 수 있는 옵션의 목록과 현재 어떤 옵션이 설정돼 있는지 보여준다.

--print-defaults 옵션을 사용해서 명령을 실행하면 설정된 값을 볼 수 있다.

예를 들어 컴퓨터에서 mysql --print-defaults의 실행 결과를 살펴보자.

```
shell> mysql --print-defaults

mysql would have been started with the following arguments:

--port=3306 --socket=/var/run/mysqld/mysqld.sock
```

mysql 클라이언트 프로그램을 사용해서 마리아DB에 접속할 때 SHOW VARIABLES와 SHOW STATUS를 사용해도 설정된 변수를 볼 수 있다. 이 두 명령에 대해 더 알고 싶으면 다음 링크의 마리아DB 지식베이스 문서를 보면 된다.

- https://mariadb.com/kb/en/mariadb/show-status/

- https://mariadb.com/kb/en/mariadb/show-variables/

명령에 적용된 기본 값을 모두 보고 싶다면 --no-defaults --help -verbose를 사용한다. 이 옵션을 사용하면 설정 파일에 없는 값도 함께 표시한다. 예를 들어 다음 형태로 실행한다.

```
shell> mysqld --no-defaults --help -verbose
```

이 옵션을 사용해서 명령을 실행하면 화면에 출력되는 결과가 굉장히 길어서 여기에 다 보여줄 수는 없다. 그리고 이 옵션은 옵션의 기본 값보다 더 많은 정보를 보여준다. 출력 결과 중에서 다음 형태로 시작하는 줄의 마지막에 있는 표에 관심을 가져보자.

```
Variables (--variable-name=value)
and boolean options {FALSE|TRUE}
```

지금까지 살펴본 설정 사항을 실제로 넣어보자. 상당히 포괄적이고 많은 내용을 담은 예제 my.cnf 파일을 만들어뒀다. 2장에서 사용한 코드 대부분은 실제로 사용 가능한 설정이다.

마리아DB에 사용 가능한 설정이 너무 많아 모두 다룰 수는 없다. 더 많은 설정에 대해 알고 싶은 경우 웹의 마리아DB 지식베이스인 최적화 및 튜닝(Optimization and Tuning) 절인 https://mariadb.com/kb/en/optimization-and-tuning/를 살펴보는 것이 좋다.

예제 코드 다운로드

이 책에 사용된 예제 코드는 http://www.packtpub.com의 계정을 통해 다운로드할 수 있다. 다른 곳에서 구매한 경우에는 http://www.packtpub.com/support를 방문해 등록하면 파일을 이메일로 직접 받을 수 있다. 또한 에이콘출판사의 도서정보 페이지인 http://www.acornpub.co.kr/book/mariadb-start-2에서도 예제 코드를 다운로드할 수 있다.

변경한 설정을 반영

이 절에서는 마리아DB 설정을 변경한 후 마리아DB가 동작하는 데 반영하는 방법을 마지막으로 다룬다. 마리아DB가 동작하는 데 반영하려면 설정을 다시 로드하거나 마리아DB를 재시작할 필요가 있다.

윈도우에서 마리아DB를 멈추고 시작하기 위해서는 다음과 같은 명령을 실행한다.

```
sc stop mysql
sc start mysql
```

위 두 명령을 살펴보면 설치 중에 마리아DB는 mysql(기본 값)이라는 이름으로 서비스가 설정됐음을 알 수 있다. mariadb처럼 다른 이름으로 서비스가 등록됐다면 설치할 때 명시한 이름을 사용하면 된다.

다음 명령은 리눅스에서 마리아DB를 다시 로드하기 위해 사용하는 방법이다(sudo를 사용해서 실행할 필요가 있을 수 있다).

```
/etc/init.d/mysql reload
```

다음 명령은 그 외의 몇 가지 시스템에서 마리아DB를 다시 로드하기 위한 방법이다.

```
service mysql reload
```

둘 중 하나 또는 둘 다 동작할 수 있다.

임시로 옵션을 설정하기 위해 SET 명령을 사용할 수 있다. SET 명령에 대한 더 많은 정보는 다음의 마리아DB 지식베이스 문서를 보자.

https://mariadb.com/kb/en/mariadb/set/

 my.cnf 예제 파일

2장에서는 파일 경로, 주석, 옵션, 그룹 등에 대해 많은 내용을 설명했다. 독자가 나와 같다면 지금 머리가 빙빙 돌 것이다. 모든 것을 이해하기는 어렵다. 어떻게 동작하는지에 대해 큰 그림을 그려보기 위해 my.cnf 파일에 대한 예제를 만들었다. my.cnf 파일 예제는 주석이 많고 다양한 영역과 일반적인 경우 사용하는 my.cnf 파일의 설정을 다루고 있다. 예제 파일은 이 책의 웹사이트에서 다운로드할 수 있다.

요약

2장에서는 마리아DB의 설정에 대해 중요한 것들을 하나씩 살펴봤다. 마리아DB가 설치되는 경로와 마리아DB 설정 파일에 대해 배웠다.

3장에서는 마리아DB를 안전하게 사용하는 방법을 다룬다. 마침내 마리아DB를 설정하는 방법을 알았다. 문제가 있는 설정이 마리아DB를 엉망으로 만드는 것을 원하지는 않을 것이다. 3장에서는 마리아DB를 새로 설치할 때 안전하게 만들 수 있도록 기본적인 방법으로 데이터베이스 보안을 지속적으로 유지하는 내용을 다룬다.

3

마리아DB 보안

나쁜 상황은 우연히 발생하거나 고의로 발생하고, 그런 상황에서 대부분 마리아DB 데이터베이스를 안전하게 보호하길 원한다. 위협은 다양한 형태로 다양한 위치에서 들어오지만, 물리적인 위협, 파일 시스템 위협, 네트워크 위협, 사용자를 대상으로 하는 위협 등에는 제한이 없다.

3장에서 다루는 내용은 다음과 같다.

- 보안 계층layers
- 10초 안에 마리아DB 안전하게 만드는 방법
- 안전하게 접속하는 방법
- 서버 보안
- 건물 보안
- 내부 네트워크 보안
- 인터넷 보안

보안 계층

다음 그림을 보면 원의 가운데가 마치 데이터베이스의 데이터와 같다고 생각할 수 있다.

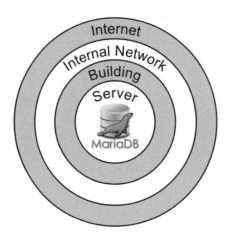

가장 바깥쪽 원은 인터넷Internet이고 외부 세계다. 사업을 하고 있다면 고객으로 볼 수도 있다. 그리고 많은 공격의 진원지가 된다.

두 번째 원은 내부 네트워크Internal Network이고 마리아DB 데이터베이스 서버가 위치한 건물Building이다. 내부 회사 네트워크는 다양한 형태로 확장을 하지만 작은 회사나 취미처럼 하는 곳은 한 가지 형태로만 구축하거나, 방 또는 건물이나 집 내부에 구축한다. 외부 인터넷에 있는 것처럼 내부 인터넷의 보안에도 신경을 쓸 필요가 있다. 실제로 외부 세계에서 들어오는 공격보다 내부 네트워크에서 들어오는 공격이 더 많다.

물리적인 보안 또한 중요하다. 공격자가 쉽게 들어와서 서버를 가져가거나 마리아DB 데이터베이스가 있는 컴퓨터를 갖고 나간다면 네트워크나 다른 보안 관련 수단은 의미가 없다. 장비에 물리적으로 접근이 가능하다면 공격자가 데이터에 접근하는 것은 매우 쉽다.

세 번째 원은 마리아DB가 동작하는 서버Server다. "누가 로그인할 수 있는가?", "어디서 로그인할 수 있는가?", "누가 관리자 권한을 갖고 있는가?", "눈으로 감시하는 것처럼 모니터링하고 곳곳에 시스템을 백업할 수 있는가?" 이런 질문들에 대한 대답은 이 책이 다루는 범위를 벗어난다. 그렇더라도 이런 질문에 답을 해보겠다.

예를 들어 오직 세 명만 서버에 접속할 수 있다면 로그인할 때 SSH 키를 요구하는 것처럼 보안의 수준을 좀 더 강력하게 가져갈 수 있다. 보안의 수준을 높이는 것은 수백만의 사용자를 가진 서버나 다른 부서에 공유해야 하는 상황에서는 받아들이기 힘들다. 서버 관리자를 알면 뭔가 잘못됐을 때 연락해서 물어볼 수 있기 때문에 도움이 된다. 시스템을 백업하거나 모니터링하는 데도 같다. 문제가 발생했을 때 서버 관리자가 해줄 수 있는 것이 많지 않더라도 우리가 할 수 없기 때문에 서버 관리자가 어디 있는지, 서버 관리자들이 어떻게 접속을 하는지 알아둘 필요가 있다.

지금 서버 내부에 있고 마리아DB 데이터베이스 자체인 원의 한가운데로 들어간다. 마리아DB가 과녁의 중간에 놓인 것처럼 보인다면 마리아DB가 중요하기 때문이다. 보안은 마리아DB에서 시작하고 마리아DB 설치 과정에서 안전하게 만드는 것보다 더 좋은 방법은 없다. 마리아DB 내부부터 하나씩 알아보자.

10초 안에 마리아DB를 안전하게 만드는 방법

마리아DB를 설치한 후 `mysql_secure_installation` 스크립트를 가장 먼저 실행할 필요가 있다. 이 유용한 툴은 마리아DB를 설치하면 함께 들어있고 빠르고 쉽게 몇 가지 기본적인 보안을 설정한다. 이 스크립트를 실행하려면 커맨드라인에서 다음과 같이 입력한다.

```
mysql_secure_installation
```

이 스크립트가 실행되는 동안 몇 가지 질문을 한다. 대부분 예(y)를 누르는 게 가장 좋다. 아니요(no)라고 대답할 만한 유일한 질문은 root 사용자의 비밀번호를 물어볼 때 밖에 없을 듯하다. root 사용자의 비밀번호를 이미 설정했다면 이 질문 또한 그냥 넘어갈 수 있다(이 스크립트는 충분히 안전한지를 말해 줄 만큼 도움이 된다).

다른 질문은 테스트 데이터베이스를 삭제할지, 익명 사용자를 삭제할지, root 사용자의 원격 로그인을 불허할지 등을 물어본다. 익명 사용자와 테스트 데이터베이스는 테스트 목적으로 마리아DB 설치 과정에 기본적으로 추가된다. 하지만 테스트 데이터베이스와 익명 사용자를 유지할 이유가 전혀 없다. 테스트 필요성에 따라 새로운 테스트 사용자와 데이터베이스를 언제든지 만들 수 있다.

다음의 내용은 실행 중인 우분투 14.04 서버에서 스크립트를 다 돌린 후에 나오는 결과다.

```
shell> mysql_secure_installation

NOTE: RUNNING ALL PARTS OF THIS SCRIPT IS RECOMMENDED FOR ALL
      MariaDB SERVERS IN PRODUCTION USE! PLEASE READ EACH
      STEP CAREFULLY!


In order to log into MariaDB to secure it, we'll need the
current password for the root user. If you've just
installed MariaDB, and you haven't set the root password
yet, the password will be blank, so you should just press
enter here.

Enter current password for root (enter for none):
OK, successfully used password, moving on...

Setting the root password ensures that nobody can log into
the MariaDB root user without proper authorization.
```

```
Set root password? [Y/n] y
New password:
Re-enter new password:

Password updated successfully!
Reloading privilege tables.
 ... Success!

By default, a MariaDB installation has an anonymous user,
allowing anyone to log into MariaDB without the need to have
a user account created for them. This is intended only for
testing, and to make the installation go a bit smoother.
You should remove them before moving into a production
environment.

Remove anonymous users? [Y/n] y
 ... Success!

Normally, root should only be allowed to connect from the 'localhost'.
This ensures that nobody is able to guess the root password from the
network.

Disallow root login remotely? [Y/n] y
 ... Success!

By default, MariaDB comes with a database named 'test' that
anyone can access. This is also intended only for testing,
and should be removed before moving into a production environment.
Remove test database and access to it? [Y/n] y

 - Dropping test database...
 ... Success!
 - Removing privileges on test database...
 ... Success!
```

```
Reloading the privilege tables will ensure that all changes
made so far will take effect immediately.

Reload privilege tables now? [Y/n] y
... Success!

Cleaning up...

All done! If you've completed all of the above steps, your
MariaDB installation should now be secure.

Thanks for using MariaDB!
```

스크립트의 결과가 말하는 것처럼 실행 후 마리아DB의 현재 상태가 보안상 안전하게 됐다. 사실 마리아DB를 설치하고 즉시 스크립트를 실행하면 접속할 수 있는 사용자는 root 사용자밖에 없고, 실제로 마리아DB가 돌아가는 컴퓨터 앞에 앉아서만 로그인을 할 수 있다. 원격으로 접속이 되지 않고 root 사용자만 사용 가능한 점은 매우 불편하고, root 사용자의 비밀번호를 다른 사용자나 애플리케이션에서 사용하길 원하지는 않는다. 따라서 잠시 후 사용자를 추가하고 몇 가지를 허용할 것이다. 이러한 주제는 4장에서 다룬다.

안전하게 접속하는 방법

이제 root 사용자가 비밀번호를 가지며 비밀번호를 확인하는 것은 사용자의 몫이다. 데이터베이스를 안전하게 유지하고 실수로 정보를 드러내지 않도록 이후 만들 다른 사용자의 비밀번호도 확인해야 한다. 마리아DB를 안전하게 유지하기 위해서는 다음과 같은 안전한 접속 방법을 따르는 것이 중요하다.

커맨드라인에서 안전하게 접속하는 방법

root 사용자로 마리아DB에 접속하거나 다른 사용자로 접속할 때 mysql 명령 클라이언트는 -p 옵션을 사용해서 비밀번호를 입력해 접속한다. -p 옵션을 사용할 때 다음과 같이 명령에서 -p 다음에 공백 없이 비밀번호를 입력해야 한다.

```
mysql -u root -pmypassword
```

아니면 -p 옵션을 사용하고 다음과 같이 비밀번호를 입력할 프롬프트가 나타나도록 놔둘 수도 있다.

```
mysql -u root -p
Enter password:
```

커맨드라인에 비밀번호를 입력하는 방법이 좋을 리가 없다. 상태 및 시스템 로그에 해당 명령을 실행한 내용이 그대로 기록돼 비밀번호를 볼 수 있기 때문이다. 이런 시스템 로그는 누가 언제 접속을 했는지 판단하는 데는 유용하지만, 로그를 볼 수 있는 다른 사용자에게 비밀번호를 노출할 수 있다는 점에서 매우 위험할 수 있다. 따라서 -p 옵션을 사용하고 프롬프트에서 비밀번호를 입력함으로써 비밀번호가 화면에 나타나지 않게 하고 로그에 기록되거나 표시되지 않게 하자.

스크립트에서 안전하게 접속하는 방법

몇 가지 자잘한 작업을 할 때마다 작업을 편하게 하기 위해 마리아DB 데이터베이스에 접속하는 스크립트를 만들고자 하는 상황이 발생할 수 있다. 보안상 안전하도록 자연스럽게 해야 할 일만 할 수 있는 권한을 가진 사용자를 원하거나 좋은 비밀번호를 가진 사용자를 원하게 된다. 리눅스나 맥OS에서 대화형으로 스크립트를 만들 수 있는 expect와 같은 툴을 사용한다면 비밀번호를 프롬프트에서 입력하는 방식을 사용하겠지만, 윈도우나 사용하는 장비에 expect를 설치할 수 없을지도 모른다. 그렇다면 비밀번호를 노출하지 않고 어떻게 접속하는가? 이 질문에 대한 답은 옵션 파일이다.

옵션 파일은 텍스트 파일이고 어디에서든 만들 수 있지만 실행하는 스크립트와 동일한 디렉토리거나 home 디렉토리에서 숨겨진 디렉토리처럼 논리적인 경로가 돼야 한다.

옵션 파일의 내용은 my.cnf 파일에 둘 수 있는 옵션 중 어떤 것도 채울 수 있지만, 앞의 명령을 볼 때 사용자명과 비밀번호를 사용한 스크립트의 내용은 매우 단순하다. 세 줄만 있으면 되고, 첫 번째 줄은 client 그룹으로 시작하고 나머지 두 줄은 사용자명(예제에서는 scriptuser)과 비밀번호(예제에서는 scriptpassword)다.

```
[client]
user = scriptuser
password=scriptpassword
```

예제에서 user 줄에는 등호(=) 주변으로 공백을 사용하지만, password 줄에는 공백을 사용하지 않았다. 비밀번호가 공백을 가질 수 있기 때문에 password 줄에서 공백을 사용하지 않았고, 마리아DB mysql 커맨드라인 클라이언트는 등호 표기 바로 뒤부터 비밀번호로 읽는다. 따라서 비밀번호의 첫 번째 글자가 공백이 아니라면 등호 뒤에 바로 비밀번호를 적는다.

다음과 같이 --defaults-file 옵션을 사용해서 클라이언트가 파일을 읽게 한다.

```
mysql --defaults-file=/경로/내파일
```

이 명령을 사용해서 클라이언트는 파일을 읽어 파일에 적힌 사용자명과 비밀번호를 사용해서 접속한다. 또한 파일에 추가된 다른 클라이언트 옵션이 있다면 함께 사용한다.

이 방법을 안전하게 사용하기 위해 스크립트를 실행하는 사용자만이 읽을 수 있도록 파일의 권한을 변경해야 한다. 파일의 권한을 설정하는 방법은 운영체제의 시스템 문서를 참고하면 된다. 다음 명령은 리눅스와 맥OS 기반의 시스템에서 사용한다.

chmod 600 내파일

이 명령은 파일을 소유한 사용자가 읽거나 쓸 수 있게 설정(6)했고, 다른 사용자는 권한을 주지 않는다(두 개의 0).[1] chmod 문서를 참고해서 권한에 대해 좀 더 세세하게 설정하자.

윈도우에서는 파일 관리자에서 파일을 선택하고 마우스 오른쪽 버튼을 클릭한 후 속성Properties을 선택하고 권한을 조정하는 것으로 동일하게 설정할 수 있다. 세부적인 내용은 윈도우 문서를 참고하자.

서버 보안

마리아DB 자체의 보안은 뛰어나고 엄격하게 적용돼 있다. 그리고 좋은 비밀번호를 만드는 규칙을 사용한다. 이제부터는 마리아DB가 동작하는 컴퓨터를 살펴봐야 한다.

마리아DB를 데스크톱이나 노트북에서 사용하고 로그인하는 사람이 혼자뿐이라면 컴퓨터를 안전하게 유지하기 위해 바이러스 및 멀웨어 감지, 시스템 업데이트, 안전한 곳에 두는 것 등의 일반적인 사항을 제외하고는 뭔가 더 할 필요가 없다. 하드 드라이브를 암호화하거나 최신 버전의 운영체제가 제공하는 기능을 사용해서 적어도 홈 디렉토리라도 암호화하는 것은 도움이 된다.

전용 서버에 마리아DB를 설치할 때는 걱정해야 할 게 좀 더 많아진다. 서버

---

1. 4는 읽기, 2는 쓰기, 1은 실행이다. 필요한 권한만큼 숫자를 더해서 설정하면 된다. 읽기만 한다면 4, 읽고 쓰기가 가능하다면 6(4+2), 읽기와 실행이 가능하려면 5(4+1)로 설정한다. – 옮긴이

는 대부분 다중 사용자를 두고 서버 보안을 제외하더라도 로그인할 수 있는 사용자가 누구인지 알 필요가 있고, root 또는 관리자 권한을 가진 사용자가 누구인지 아는 것은 굉장히 중요하다. 서버에서 관리자 권한을 갖고 있다면 관리자나 root 권한으로만 접속하길 원할 수도 있다. IT 부서에서 권한을 주는 서버에서 마리아DB를 사용하고 있다면 누가 어떤 권한을 갖고 있는지 알아야 할 필요가 있다. 특별한 이유가 없더라도 서버에 충분한 권한을 가진 사람이 시스템에 해가 되는 변경을 가할 수 있다.

건물 보안

더 안쪽의 원을 계속 살펴보면 보안상 좀 더 안전하게 한다. 아침 3시에 서버를 갖고 나간다면 서버 내부에서의 모든 방어는 그다지 도움이 되지 못한다. 서버 내부에 보안을 강화하는 것만큼 외부에 대한 보안도 충분히 강화할 필요가 있다.

먼저 서버를 어디에 둬야 하는가? 평범한 곳에 둬서 사무실에서 아무나 가져갈 수 있게 둬야 할까? 이런 곳은 대부분 좋지 않다. 누군가가 사고로 또는 고의적으로 전원을 끌 수 있다. 물론 배터리 백업 장비를 사용해서 어느 정도 외부 전원을 통해 문제를 완화할 수도 있지만, 서버에 물리적인 접근이 가능한 사람이라면 언제든 쉽게 다가가서 서버의 전원을 끊어버릴 수 있다. 이런 경우 신뢰성을 높이기 위해 마리아DB는 데이터 손실이나 오류가 생기는 것을 막기 위해 트랜잭션을 처리하거나 장애에 안전한 스토리지 엔진을 사용한다. 하지만 매우 드물게 독특하게 발생하는 파워 문제가 데이터베이스 서버를 필요로 하는 모든 애플리케이션에 지장을 줄 것이다. 잠긴 문 안의 공간에 서버가 있다면 그 공간에 들어갈 수 있는 사람만이 볼 수 있다.

또한 사업체를 운영하는 건물을 생각해보자. 대부분의 회사와 사무실은 밤에 건물을 닫거나 사무실은 퇴근 시각에 문을 잠그고 아침에 다시 연다. 모든 회사가 그렇지는 않더라도 대부분 그렇다. 서버가 슈퍼마켓의 관리자 사무실에 있고 사무실로 가는 문은 언제나 열려있거나 잠겨있지 않다면 어떻게 될까? 따라서 문을 잠그는 것을 생각할 필요가 생긴다면 벽이나 바닥에 고정해서 설치하는 작고 잠글 수 있는 서버용 공간을 갖거나 서버를 안전하게 하는 다른 방법을 찾아낼 것이다. 이런 경우 사람들이 잠그는 것을 잊더라도 자동으로 잠기게 한다.

서버를 돈에 비유해서 보는 편이 이해가 쉽다. 돈을 모으고 수입을 창출하거나, 또는 둘 다 하려고 데이터베이스 서버를 사용한다. 따라서 이런 비유가 적절하다. 서버를 둔 곳에 많은 돈을 안전하게 둘 수 있다는 생각이 들면 서버를 두기에 굉장히 좋은 장소라고 할 수 있다. 물론 돈과 달리 전기도 제공하고 충분히 시원한 곳이라는 가정하에서 그렇다.

전용 서버실에서 다른 서버와 함께 서버를 두는 것이 가장 좋다. 이런 곳은 안전하고 잘 정의된 보안 정책과 절차를 사용해서 통제가 되는 공간일 것이다. 잠글 수 있는 작은 방(선택된 일부 사람만이 접근이 가능하고 서버를 작은 선반 위에 올려놓을 수 있는 그런 곳)에서 큰 데이터 센터의 잠글 수 있는 서버실(냉각 시설이 있고 일주일 내내 24시간 보안이 가능하며 모든 것이 충분히 갖춰져 있는 그런 곳)까지 어떤 형태든 상관없다. 모든 상황을 만족하는 특별한 곳은 없지만 스스로 확인하고 서버가 물리적으로 통제될 수 있게 할 필요는 있다.

내부 네트워크 보안

내부 네트워크의 보안은 건물 보안과 관련이 있다. 마리아DB 서버가 잠글 수 있는 작은 방에 있다면 아마도 원격으로 접속할 것이다. 그렇다면 적어도 내부 네트워크의 보안에 대해 알아둘 필요가 있다. 로컬 네트워크 전문가에게 주로 하는 몇 가지 질문을 살펴보자.

- 외부에서 내부 네트워크로 접속할 때 방어하는 방화벽이 있는가?
  - 방화벽이 있다면 멋지지만 없다면 하나 추가하는 것을 제안한다.

- 내부 네트워크에 직접 접속하는 와이파이 네트워크가 있거나 자체 네트워크에 분할된 와이파이가 있는가?
  - 와이파이 네트워크가 내부 네트워크에 직접 접속이 가능하다면 변경이 가능한지 보자.
- 직원들이 재택근무를 할 때 VPN, SSH 중에 어떤 형태를 사용해서 작업을 하는가?
  - 직원들이 재택근무를 할 때 VPN이나 SSH를 반드시 사용하게 제한한다면 두 방법 모두 암호화돼 있어서 좋다. 다른 방법을 사용한다면 그 방법이 보안에 안전하고 암호화가 돼 있는지 살펴볼 필요가 있다.
- 데이터베이스 사용자에게 권한을 줄 때 접속 가능한 네트워크에 %를 사용해서 일정 대역을 할당하거나 모든 사용자가 localhost나 잘 알려진 안전한 곳이나 네트워크에 있는가? % 문자는 와일드카드 문자이고 해당되는 사용자명에서 일정한 네트워크 대역에 어디서든 연결이 가능하다는 것을 의미한다. 편리하지만 보안상 좋지 못하다. 이에 대해서는 4장에서 더 자세히 다룬다.
- 큰 회사에 있다면 서로 다른 부서는 분리된 네트워크를 갖게 하고 서버가 위치한 네트워크에 접속하는가?
- 데이터베이스가 회사 내부에서 사전 단계의 개발 중인 프로젝트의 일부라면 준비가 되기 전에 알아채는 판매 사원이 되지 않을 수 있다.
- 적어도 서버에 원격으로 접속할 때 SSH나 암호화된 터널링을 사용해서 안전하게 해야 한다. 그리고 그런 방법을 모른다면 바로 배울 필요가 있다.

인터넷 보안

가장 바깥쪽 마지막 원은 외부 세상인 인터넷이다. 대개는 마리아DB 데이터베이스 서버를 인터넷에 직접 노출하길 원하지 않는다. 마리아DB가 다른 소프트웨어에 비해 특별히 취약한 것은 아니지만 마리아DB를 인터넷에 노출하는 것이 대개는 필요 없고 어떤 것이든 외부에 노출하지 않는 것이 잘 갖춰진 보안이라고 할 수 있다(같은 방법으로 포커를 치는 사람은 손에 든 패를 다른 사람에게 노출되길 원하지 않는다). 마리아DB가 웹 서버에서 동작할 때 웹 서버 소프트웨어는 네트워크 연결이 없어도 마리아DB에 직접 접속할 수 있다. 마리아DB 서버가 웹 서버와는 다른 서버에서 돌아간다면 내부 네트워크를 통해서만 웹 서버와 마리아DB 서버가 접속하게 할 수 있다. 그리고 웹 서버와 마리아DB 서버가 내부 네트워크를 통해 묶여있지 않다면 둘 사이에 보안 터널링을 설정할 수 있다.

 마리아DB 서버를 전체 인터넷에 노출할 합리적인 이유를 찾았다는 생각이 들면 괜찮은 마리아DB 컨설턴트 회사에 문의해보라고 강력히 권한다. 그러면 그 회사에서 적절한 대안을 제시해줄 것이다.

요약

3장에서는 마리아DB 서버를 보안상 안전하게 구축하는 방법을 배웠다. 보안은 굉장히 큰 주제이고, 한 개의 장에서 완벽하게 다루는 것은 불가능하다. 이런 중요한 내용에 대해 더 많은 것을 배우려면 온라인과 오프라인에 걸쳐 많은 자료가 필요하다. 하지만 마리아DB나 다른 데이터베이스에 대한 책이나 글만 보는 것은 피하자. 시스템, 네트워크, 물리적인 보안 등을 배우는 데도 시간을 할애하자.

앞서 말했듯이 세상에서 가장 보안에 안전한 것은 문, 창문이나 다른 어떤 종류로도 여는 게 없는 것이지만, 필요할 때 접속할 수 없다면 유용하거나 안전한 게 아니다. 따라서 4장에서는 사용자 계정을 추가하고 관리함으로써 좀 더 편리하게 마리아DB 서버를 안전하게 하는 방법을 배운다.

4

마리아DB 관리

마리아DB 데이터베이스에서 root 사용자는 모든 데이터베이스와 테이블에 대한 권한을 가진다. 그날그날 간단히 처리하는 작업에 root 사용자를 사용하거나 root 사용자의 로그인 아이디와 비밀번호를 아무에게나 알려주길 원하지는 않을 것이다. 대신 작업할 필요가 있는 특정 데이터베이스에 특정 권한을 가진 사용자를 만들 필요가 있다.

4장에서 다루는 내용은 다음과 같다.

- 사용자 권한
- 사용자 생성
- 권한 부여, 제거, 보기
- 비밀번호 설정과 변경
- 사용자 제거

사용자 권한

사용자에게 줄 수 있는 권한은 많고 다양하다. 권한은 대개 다음과 같은 세 가지 종류로 크게 나눈다.

- 전체에 적용되는 관리자 권한
- 데이터베이스, 테이블, 칼럼 단위 권한
- 기타 부가적인 권한과 제한

권한을 모아둔 다음의 표를 보면서 모든 권한에 대해 이해하지 못하더라도 걱정하지 말자. 이러한 권한이 있고 마리아DB가 이런 권한을 이용해서 사용자가 할 수 있는 부분은 제어한다는 것 정도만 알면 된다.

전체에 적용되는 관리자 권한

다음 표는 전체에 적용되는 관리자 권한을 보여준다. 이 권한은 마리아DB 데이터베이스 서버와 서버 클러스터에 포함된 모든 데이터베이스와 테이블에 적용된다.

권한	설명
CREATE USER	CREATE USER문을 사용해서 사용자를 생성하는 권한
FILE	LOAD DATA INFILE문과 LOAD_FILE() 함수를 사용하는 권한
PROCESS	SHOW PROCESSLIST 명령을 사용하는 권한
RELOAD	FLUSH문을 사용하는 권한
REPLICATION CLIENT	SHOW MASTER STATUS와 SHOW SLAVE STATUS 명령을 사용하는 권한
REPLICATION SLAVE	복제 마스터 서버에서 이뤄진 업데이트 내용을 받을 권한
SHOW DATABASES	서버에서 데이터베이스의 목록을 볼 수 있는 권한

(이어짐)

권한	설명
SHUTDOWN	mysqladmin shutdown 명령을 사용해서 서버를 중지할 수 있는 권한
SUPER	CHANGE MASTER TO..., PURGE LOGS 명령과 전역 변수를 설정하고 다른 사용자의 스레드를 강제로 중지(KILL)하는 등의 최고 사용자(superuser)가 사용하는 구문을 사용하는 권한. 이 권한은 허용된 데이터베이스 연결(max_connections 변수를 사용해서 설정)을 조과해서 연결하더라도 데이터베이스에 접속할 수 있게 한다.

데이터베이스, 테이블, 칼럼 단위 권한

다음 표는 데이터베이스와 테이블 단위 권한을 보여준다. 각각의 권한은 특정 데이터베이스나 테이블 단위로 적용된다.

권한	설명
ALTER	인덱스와 테이블을 변경할 권한
ALTER ROUTINE	프로시저와 함수를 변경하거나 삭제하는 권한
CREATE	데이터베이스와 테이블을 생성하는 권한
CREATE ROUTINE	프로시저와 함수를 생성하는 권한
CREATE TEMPORARY TABLES	임시 테이블을 생성하는 권한
CREATE VIEW	뷰를 생성하는 권한
DELETE	테이블에서 행을 삭제하는 권한
DROP	전체 데이터베이스와 테이블을 삭제하는 권한
EVENT	이벤트 스케줄러에서 이벤트를 변경, 생성 및 삭제하는 권한
EXECUTE	함수와 프로시저를 실행하는 권한

(이어짐)

권한	설명
INDEX	인덱스를 생성하거나 삭제하는 권한
INSERT	새로운 데이터를 테이블에 입력하는 권한
LOCK TABLES	테이블에 락을 걸거나 락을 다시 푸는 권한
SELECT	테이블에서 데이터를 읽는 권한
SHOW VIEW	SHOW CREATE VIEW문을 사용하는 권한
TRIGGER	CREATE TRIGGER와 DROP TRIGGER문을 사용하는 권한
UPDATE	테이블에서 행을 수정하는 권한

기타 부가적인 권한과 제한

다음 표는 앞서 살펴본 두 가지 형태의 권한에 들어가지 못하는 기타 부가적인 권한을 보여준다.

권한	설명
ALL PRIVILEGES	사용자에게 사용 가능한 모든 권한을 부여하기 위해 사용할 수 있다. GRANT OPTION 권한을 부여하지는 않는다. ALL로 줄여서 사용할 수 있다.
GRANT OPTION	가진 권한을 다른 사용자에게 주기 위한 권한을 사용자에게 부여한다. GRANT 구문의 마지막에 넣는다. 몇 가지 예를 보려면 '권한 부여' 절을 보자.

사용자에게 몇 가지 제한을 둘 수도 있다. 줄 수 있는 제한은 다음과 같다.

제한	설명
MAX_QUERIES_PER_HOUR	사용자별로 시간당 호출할 수 있는 SQL 구문이나 쿼리의 수로, 데이터를 변경하는 쿼리도 모두 포함한다.
MAX_UPDATES_PER_HOUR	사용자별로 시간당 호출할 수 있는 데이터 변경 구문의 수로, 조회성 쿼리를 제외한다.
MAX_CONNECTIONS_PER_HOUR	사용자가 시간당 접속을 시작할 수 있는 수
MAX_USER_CONNECTIONS	사용자가 데이터베이스 서버에 동시에 맺을 수 있는 연결 수로, 0으로 설정하면 최대수인 max_connections로 설정한 것과 동일하다. max_connections 또한 0이라서 동시에 연결할 수 있는 수에 제한이 없다.

 다양한 권한에 대해 세부적으로 설명하는 문서는 https://mariadb.com/kb/en/grant/에서 볼 수 있다.

사용자 생성

마리아DB에서 사용자를 생성할 때는 두 가지 단계를 거친다. 먼저 CREATE USER 구문을 사용해서 사용자를 생성하고 GRANT 명령을 사용해서 사용자에게 권한을 부여한다. 이 절에서는 CREATE USER 구문을 다루고, GRANT 구문은 '권한 부여, 제거, 보기' 절에서 다룬다.

CREATE USER 구문은 다음과 같은 형태를 가진다.

CREATE USER '사용자명'@'호스트' IDENTIFIED BY '비밀번호';

사용자명, 호스트, 비밀번호 부분을 적절한 값으로 변경한다. 추천하지 않지만 비밀번호를 지정하지 않고 싶다면 IDENTIFIED BY '비밀번호' 부분을 제거하면 된다. 마리아DB에 입력하는 모든 SQL 구문은 세미콜론으로 끝나야 한다.

호스트 부분은 여러 가지 형태가 될 수 있다. 호스트는 사용자가 접속할 컴퓨터의 이름이 될 수도 있고 IP 주소 및 네트워크가 될 수도 있다. 또는 어떤 호스트를 의미하는 와일드카드 문자인 %가 될 수도 있다.

몇 가지 예를 살펴보자. 첫 번째 예는 호스트 부분에 와일드카드 문자인 %를 사용했기 때문에 사용자가 어디서든 로그인 할 수 있다. 사용자 비밀번호는 bomber다.

```
CREATE USER 'boyd'@'%' IDENTIFIED BY 'bomber';
```

다음 3개의 예는 다양한 호스트명을 사용했다. 첫 번째는 마리아DB가 돌아가는 로컬 서버를 의미하는 localhost로 지정했다. 두 번째 예는 한 개의 호스트를 지정했다. 마지막인 세 번째 예는 example.net 도메인의 하위 도메인을 지정하기 위해 %를 사용했다.

```
CREATE USER 'tom'@'localhost' IDENTIFIED BY 'retail';
```

```
CREATE USER 'richard'@'powr.example.net' IDENTIFIED BY 'nuclear';
```

```
CREATE USER 'robert'@'%.example.net' IDENTIFIED BY 'pilot';
```

호스트명 대신 다음 세 개의 예처럼 IP 주소를 사용할 수도 있다. 첫 번째 예는 한 대의 컴퓨터를 지정하기 위해 정확한 IP를 사용했다. 두 번째 예는 IP 주소의 처음 3개 부분을 사용하는 어떤 컴퓨터가 접속하도록 IP 주소의 마지막 부분을 %로 사용했다. 세 번째 예는 서브넷 마스크를 사용하지만 두 번째 예와 사실상 같다.

```
CREATE USER 'dallin'@'192.168.1.1' IDENTIFIED BY 'judge';
```

```
CREATE USER 'russell'@'192.168.1.%' IDENTIFIED BY 'surgeon';
```

```
CREATE USER 'russell'@'192.168.1.0/255.255.255.0' IDENTIFIED BY
'business';
```

도메인명 대신 IP 주소를 사용할 때의 장점은 도메인 해석 및 도메인 유효성 체크를 할 필요가 없다는 점이다. 도메인을 찾거나 유효성 체크를 하는 시스템 호출은 비용이 들고, 다른 방법에 비해 시간과 자원이 더 든다. 도메인명을 쓰지 않게 하려면 my.cnf나 my.ini 파일의 `[mysqld]` 그룹에 `skip-name-resolv=1`을 추가하면 된다.

 `CREATE USER` 구문에 대한 많은 정보는 https://mariadb.com/kb/en/create-user/ 에서 볼 수 있다.

권한 부여, 제거, 보기

기본적으로 새로운 사용자는 로그인 외에 어떤 권한도 갖지 않으므로 유용하지 않다. 따라서 필요한 권한을 주는 방법을 알아볼 필요가 있다. 권한은 GRANT 구문을 사용해서 부여한다. GRANT 구문을 사용해서 적절한 권한을 사용자에게 부여할 수 있다. 일과시간 외에는 앞서 부여했던 권한을 제거하거나 철회할 필요가 있을 수 있다. 가끔은 사용자가 어떤 권한을 가졌는지 보길 원할 것이다.

권한 부여

권한 부여는 GRANT를 사용해서 처리한다. 이 구문을 사용해서 사용자에게 적절한 권한을 부여할 수 있다. GRANT 구문은 다음과 같은 기본 문법을 사용한다.

GRANT <권한> **ON** <데이터베이스> **TO** <사용자명>;

<권한>, <데이터베이스>, <사용자명> 부분을 필요한 대로 수정한다. <사용자명> 부분은 새로운 사용자를 만들 때 사용한 CREATE문의 '사용자명'@'호스트'와 일치

해야 한다. 비밀번호를 수정하고 싶거나 비밀번호가 없는 사용자에게 비밀
번호를 추가하고 싶다면 GRANT 구문의 끝에 IDENTIFIED BY '비밀번호'를 넣
으면 된다.

몇 가지 예를 살펴보자. 첫 번째 예는 모든 데이터베이스에 GRANT 옵션을
포함해 모든 권한을 부여 받은 사용자으므로 어디서든 로그인할 수 있다.
이렇게 광범위한 권한을 가진 사용자를 설정할 일은 거의 없으며, 그렇게
할 필요가 있다면 적절한 CREATE USER 구문을 실행하고 비밀번호를 할당
한다.

> 사용자가 없다면 GRANT 구문은 해당 사용자를 만들지만, 사용자가 없고
> IDENTIFIED BY '비밀번호' 없이 GRANT 구문을 실행하면 사용자는 비밀번호를 갖지
> 않고 만들어진다. 따라서 비밀번호를 갖게 사용자를 만들고 필요한 권한만 사용자에
> 게 부여하는 것이 좋다.

```
GRANT ALL ON *.* TO 'robert'@'%' WITH GRANT OPTION;
```

다음 예는 serv라고 불리는 데이터베이스에 읽고 쓰기 권한이 필요한 일반
적인 사용자에게 권한을 설정하는 표준적인 형태다. 사용자가 읽기 권한이
필요하다면 SELECT 권한을 할당할 수 있다. 데이터베이스를 serv.*처럼
지정해서 사용자는 serv 데이터베이스가 가진 테이블에 설정한 권한을 행
사할 수 있다. 여러 개의 권한은 콤마를 사용해서 나열한다.

```
GRANT SELECT,INSERT,UPDATE,DELETE ON serv.* TO 'jeffrey'@'localhost';
```

다음 사용자는 edu 데이터베이스의 staff 테이블에 읽기 권한(SELECT)을 갖
고 다른 사용자에게도 동일한 권한을 부여할 수 있게 GRANT OPTION 권한도
갖는다.

```
GRANT SELECT ON edu.staff TO 'david'@'localhost' WITH GRANT OPTION;
```

다음 예는 logan 데이터베이스의 모든 권한을 부여한다. 그리고 시간당 100개의 쿼리만 가능하게 제한한다. 이 제한은 logan 데이터베이스에 실행하는 쿼리 개수가 아니라 quentin 사용자가 접속할 수 있는 모든 데이터베이스에 적용된다.

```
GRANT ALL ON logan.* TO 'quentin'@'localhost' WITH
MAX_QUERIES_PER_HOUR 100;
```

 GRANT 구문에 대한 좀 더 많은 정보는 https://mariadb.com/kb/en/grant/에서 볼 수 있다.

권한 제거

가끔 특정 사용자의 한두 가지 권한을 제거하거나 추가해야 할 필요가 있을 수 있다. 권한을 추가하는 것은 쉽다. 추가할 권한을 명시한 GRANT 구문을 실행하면 권한이 추가된다. 권한을 제거하려면 REVOKE 구문을 사용하고 다음과 같은 문법을 사용한다.

```
REVOKE <권한> ON <데이터베이스> FROM <사용자명>;
```

GRANT OPTION 권한을 삭제하려면 〈권한〉 부분에 명시한다. 제거할 권한 각각은 콤마로 구분한다. 다음 예는 todd 사용자에게서 DELETE와 GRANT OPTION 권한을 제거한다.

```
REVOKE DELETE,GRANT OPTION ON cust.* FROM 'todd'@'%';
```

다음 예에서 'neil'@'%.example.com' 사용자의 모든 권한을 제거하기 위해 특별한 명령을 사용한다.

```
REVOKE ALL,GRANT OPTION FROM 'neil'@'%.example.com';
```

여기서 다루는 사용자로부터 권한을 제거하는 것보다 4장의 뒤에 나오는 '사용자 제거' 절에서 다루는 DROP USER를 사용하길 선호할 수도 있다. 물론 권한을 제거할 사용자를 지정하기 위해 명령의 사용자 부분을 수정할 필요가 있다. 앞의 구문은 사용자가 GRANT OPTION 권한을 갖지 않더라도 GRANT OPTION을 명시적으로 적었기 때문에 특수한 경우다. 구문에서 GRANT OPTION 권한을 제거하면 실제로 구문은 실행되지 않을 것이다.

 REVOKE 구문에 대한 좀 더 많은 정보는 https://mariadb.com/kb/en/revoke/ 에서 볼 수 있다.

권한 보기

사용자에게 부여된 권한을 보려면 SHOW GRANTS 명령을 사용한다. SHOW GRANTS 명령은 다음과 같은 문법을 사용한다.

SHOW GRANTS FOR <사용자명>;

찾고자 하는 사용자를 지정하는 <사용자명> 부분만 수정하면 된다. 이 명령을 실행하는 예를 살펴보자.

SHOW GRANTS FOR 'dieter'@'10.2.200.4';

SHOW GRANTS 명령의 출력 결과는 사용자가 가진 모든 권한을 보여주는 GRANT 구문이다. 이런 결과는 다른 사용자에게 동일한 권한을 부여할 때 유용하다. 예를 들어 SHOW GRANTS 명령의 출력 결과는 다음과 같을 수 있다.

```
+-------------------------------------------------------+
| Grants for dieter@10.2.200.4                          |
+-------------------------------------------------------+
| GRANT ALL PRIVILEGES ON *.* TO 'dieter'@'10.2.200.4'  |
+-------------------------------------------------------+
```

정확하게 동일한 권한을 가진 사용자를 생성하기 위해 이 출력 결과의
GRANT 구문을 복사하고 <사용자명> 부분만 간단히 수정할 수 있다.

비밀번호 설정과 변경

사용자의 비밀번호를 변경하거나 비밀번호가 없는 사용자에게 비밀번호를
설정하기 위해 GRANT문을 사용할 수 있지만, 사용자에게 권한을 추가한다는
의미도 가진다. 권한을 변경하지 않고 비밀번호를 변경하거나 설정하려면
SET PASSWORD 구문을 사용한다. SET PASSWORD 구문은 다음과 같은 문법을
사용한다.

```
SET PASSWORD FOR <사용자명> = PASSWORD('<비밀번호>');
```

예를 들면 다음과 같다.

```
SET PASSWORD FOR 'henry'@'%' = PASSWORD('niftypassword');
```

 SET PASSWORD 구문에 대한 좀 더 많은 정보는https://mariadb.com/kb/en/set-
password/에서 볼 수 있다.

사용자 제거

4장 앞의 '권한 제거' 절에서 사용자의 모든 권한을 제거하는 예가 있지만
사용자를 제거하지는 않는다. 사용자를 완전히 제거하려면 DROP USER 구문
을 사용한다. DROP USER 명령은 다음과 같은 문법을 사용한다.

```
DROP USER <사용자명>;
```

예를 들면 다음과 같다.

```
DROP USER 'tom'@'%';
```

사용자가 제거되면 모든 권한이 자동으로 제거된다.

 DROP USER 구문에 대한 좀 더 많은 정보는 https://mariadb.com/kb/en/drop-user/에서 볼 수 있다.

요약

4장에서는 사용자를 추가하거나 삭제하고 사용자에게 필요한 권한을 부여하거나 회수하는 방법을 배웠다.

지금까지 데이터베이스에 관련된 내용(보안, 사용자 관리 등)에 대해서만 알아봤다. 실제 데이터를 다루는 것은 알아보지 않았지만, 데이터베이스에서 데이터를 저장하거나 가져오는 게 가장 중요하다. 이제 그런 내용을 다룰 시간이다. 다음 세 개의 장에서는 마리아DB에서 데이터를 다루는 방법 모두 다룬다. mysql 명령 클라이언트 프로그램을 사용해서 데이터베이스를 생성하고 데이터를 입력, 조회하는 등 몇 가지 기본적인 SQL 명령을 배운다.

5

마리아DB 사용: 데이터베이스와 테이블

5장에서는 공통적인 작업을 수행하기 위해 `mysql` 명령 클라이언트를 사용하는 내용에 집중한다.

5장에서 다루는 내용은 다음과 같다.

- `mysql` 명령 클라이언트 애플리케이션
- 마리아DB에 접속
- 데이터베이스 선택을 위해 `USE` 사용
- 서버의 모든 데이터베이스를 보기 위해 `SHOW` 사용
- 데이터베이스 생성과 삭제
- 데이터, 테이블, 정규화
- 테이블 생성, 변경, 삭제

mysql 명령 클라이언트 애플리케이션

마리아DB 전문가가 되기 위해서는 mysql 명령 클라이언트 프로그램을 효율적이고 능숙하게 다루는 방법을 배워야 한다. 많은 마리아DB 사용자는 대개 별도로 개발한 프로그램을 사용해서 서버와 통신한다. 마리아DB를 사용하는 애플리케이션과의 연동은 명령 클라이언트를 사용해서도 할 수 있다.

마리아DB는 클라이언트와 서버가 연계되는 구조를 가진다. 서버는 배후에 숨겨진 것처럼 동작하고 클라이언트는 서버에 접속하거나 연동하기 위해 사용한다. 사용자는 대개 서버 부분과 직접적으로 어떤 처리를 하지는 않는다. 마리아DB를 위한 클라이언트는 매우 다양하지만, 마리아DB 개발자는 mysql 명령 클라이언트만 유지 보수한다.

마리아DB에 접속

클라이언트를 시작하고 마리아DB에 접속하려면 명령 프롬프트나 터미널을 연 후 몇 가지 옵션을 사용해서 mysql 명령을 쓰고 엔터 키를 누른다. 기본적인 문법은 다음과 같다.

mysql [-u <사용자명>] [-p] [-h <호스트>] [<데이터베이스>]

대괄호([]) 안에 들어 있는 옵션들은 mysql 명령이 사용하는 옵션이다. 꺾쇠괄호(<>) 안에 있는 옵션은 사용할 때 반드시 넣어야 하는 값이다. 예를 들어 -u 옵션을 사용한다면 사용자명을 반드시 넣어야 한다.

대부분 사용자명(-u)과 비밀번호(-p) 옵션은 기본적으로 사용한다. 그리고 종종 클라이언트를 실행할 때 연결할 데이터베이스를 지정한다. 다른 컴퓨터에 설치된 마리아DB 서버에 원격으로 접속할 때는 호스트를 나타내는 -h 옵션을 사용한다.

몇 가지 사항을 안다는 전제하에 커맨드라인에서 -p 뒤에 비밀번호를 추가할 수 있다. 먼저 -p와 비밀번호 사이에는 공백이 없어야 한다. 예를 들어 사용자명이 tom이고 비밀번호가 correcthorse라면 마리아DB에 로그인하기 위해 다음과 같은 명령을 사용할 수 있다.

`mysql -u tom -pcorrecthorse`

두 번째는 보안에 안전하지 않아서 사용하지 않는 것이 좋다는 점이다. 커맨드라인 해석 프로그램이나 셸은 이력 파일에 실행한 내용을 항상 저장하고 있고, 그 파일은 그다지 안전하지 않게 권한이 설정돼 있다. 따라서 커맨드라인에 쓴 비밀번호는 공격자에 의해 쉽게 노출되고 마리아DB 사용자 비밀번호는 노출되기 쉽다.

데이터베이스에 성공적으로 연결하면 다음과 같은 메시지가 나온다.

```
daniel@pippin:~$ mysql -u root -p
Enter password:
Welcome to the MariaDB monitor. Commands end with ; or \g.
Your MariaDB connection id is 209
Server version: 10.1.2-MariaDB-1~trusty-wsrep-log mariadb.org
binary distribution, wsrep_25.10.r4123

Copyright (c) 2000, 2014, Oracle, SkySQL Ab and others.

Type 'help;' or '\h' for help. Type '\c' to clear the current input
statement.

MariaDB [(none)]>
```

마지막 줄의 MariaDB [(none)]>는 마리아DB의 프롬프트로, 마리아DB가 명령을 기다릴 때 나타난다. 명령을 기다리는 가장 중요한 목적 외에도 프롬프트는 두 가지의 중요한 정보를 제공한다. 먼저 프롬프트는 사용자가 마리아DB가 아닌 다른 데이터베이스 서버가 아니라 실제 마리아DB 데이터베이스 서버에 접속했다는 점을 알린다. 둘째, 대괄호 안의 일부 값은 현재 사용하는 데이터베이스 이름을 알려 준다. 이 경우 특정 데이터베이스를 사용하고 있는 것이 아니므로 (none)이라 부른다.

데이터베이스 선택을 위해 USE 사용

대개 커맨드라인 클라이언트를 사용해서 특정 데이터베이스에 접속하길 원한다. 데이터베이스를 사용하기 위해 바로 앞 절에서 본 것처럼 클라이언트를 실행할 때 명령에 데이터베이스를 지정하거나 클라이언트 실행 후 USE 명령을 사용해서 데이터베이스를 선택한다. 다음의 예는 test 데이터베이스에 접속하는 과정을 보여준다. 현재 접속한 데이터베이스의 이름을 알려주기 위해 프롬프트가 변경된 점을 주의 깊게 살펴보자.

```
MariaDB [(none)]> USE test;
Reading table information for completion of table and column names
You can turn off this feature to get a quicker startup with -A

Database changed
MariaDB [test]>
```

USE 명령을 사용할 때 대상 데이터베이스가 없다면 다음과 같은 에러가 발생한다.

```
MariaDB [(none)]> USE test1;
ERROR 1049 (42000): Unknown database 'test1'
```

서버의 모든 데이터베이스를 보기 위해 SHOW 사용

서버에서 현재 사용자가 볼 수 있는 모든 데이터베이스 목록을 나열하려면 다음의 예처럼 SHOW DATABASES 명령을 사용한다.

```
MariaDB [(none)]> SHOW DATABASES;
+--------------------+
```

```
| Database            |
+---------------------+
| dbt3_s001           |
| flightstats         |
| ham                 |
| information_schema  |
| isfdb               |
| lds_scriptures      |
| library             |
| mysql               |
| performance_schema  |
| test                |
| wikidb              |
+---------------------+
11 rows in set (0.00 sec)

MariaDB [(none)]>
```

위의 결과는 마리아DB 설치 후 개인적으로 추가한 데이터베이스 목록이다.
사용자마다 명령을 실행했을 때 결과는 다를 수 있다. 이 명령은 이미 존재
하는 마리아DB 데이터베이스 서버에 접속해서 사용 가능한 데이터베이스를
확인할 때 특히 유용하다. 따라서 특정 데이터베이스 이름을 꼭 기억하지
않아도 된다.

 명령이 모두 세미콜론(;) 으로 끝난 위 예제를 주의 깊게 살펴보자. 세미콜론은 구분
자이고 SQL의 특징이다. 명령 클라이언트에서는 SQL을 사용한다. SQL은 데이터베
이스와 소통하기 위해 최적화된 컴퓨터 언어다. 마리아DB는 약간 변형된 형태의
SQL을 사용하고 다른 데이터베이스가 제공하는 SQL과 정확히 똑같지는 않다. 마리
아DB를 위한 SQL 구문 작성 방법을 배우면 다른 데이터베이스에서 SQL을 작성하
는 데 도움이 되지만, 몇 가지 차이가 있다. 예를 들면 USE와 SHOW 명령은 마리아DB
에는 있지만 다른 데이터베이스에는 없다.

데이터베이스 생성과 삭제

마리아DB를 설치하면 데이터베이스 서버를 설치하는 것이지 데이터베이스를 만드는 게 아니다. 그리고 하나의 마리아DB 데이터베이스 서버는 내부에 여러 개의 데이터베이스를 가질 수 있다. 이런 내용을 이해할 수 있게 비유를 해보자. 데이터베이스는 큰 서류 캐비닛으로 생각할 수 있다. 서류 캐비닛은 서랍장을 많이 갖고 있고, 각각의 서랍장에는 정보를 가진 서류철이 있다. 이 비유에서 서류 캐비닛은 데이터베이스이고, 서랍장은 데이터베이스 안의 테이블, 그리고 서류철은 테이블의 데이터 레코드다. 그렇다면 마리아DB는 뭘까? 마리아DB는 서류 캐비닛이 놓인 방이고, 많은 서류 캐비닛을 둘 수 있는 큰 방이다.

마리아DB를 설치하면 설치 과정에서 사용자와 데이터베이스, 그리고 다른 관리 목적의 정보를 유지하기 위해 사용하는 시스템 데이터베이스를 만든다. 그리고 실험 또는 학습, 그리고 성능 통계 정보를 저장하는 읽기만 가능한 test 데이터베이스도 만든다. 실수를 하게 되면 전체 서버에 큰 악영향을 줄 수 있는 시스템 데이터베이스를 아무렇게나 사용하고 싶지는 않을 것이다. information_schema와 performance_schema 데이터베이스는 통계용 데이터베이스로, 읽기만 가능해서 데이터를 넣을 수는 없다. test 데이터베이스를 사용할 수 있지만, 영구적으로 데이터를 저장하는 목적으로는 사용하지는 않는다. 따라서 마리아DB를 사용해서 시작할 때 먼저 할 작업은 사용할 데이터베이스를 최소한 한 개 만드는 것이다.

 데이터베이스를 다른 말로 하면 스키마(schema)다. 몇 가지 데이터베이스 서버에서 스키마와 데이터베이스는 완전히 동일한 것은 아니지만, 마리아DB는 동일한 의미로 사용한다. 따라서 information_schema를 볼 때 정보(information) 데이터베이스를 의미한다. 명령 클라이언트를 사용할 때 DATABASE 대신 SCHEMA를 사용할 수도 있다. 예를 들어 SHOW DATABASES 대신 SHOW SCHEMAS를 사용해도 된다. 이 책에서는 데이터베이스 명칭을 계속 사용할 것이다.

대개 데이터베이스는 특유의 목적이나 애플리케이션을 위해 생성한다. 예를 들면 재무부에서는 회계accounting 데이터베이스를 갖고, 인사부에서는 인적 자원human resources 데이터베이스를 가지며, 창고에서는 부품parts 데이터베이스를 가진다.

마리아DB를 사용할 때 데이터베이스를 만들고 제거하는 일은 거의 하지 않는다. 이는 매일매일 처리하는 흔한 작업이 아니다. 대개 데이터베이스를 만들고 필요한 만큼(수년이나 수십 년이 될 수 있는) 오랫동안 사용하고 지운다. 감사하게도 데이터베이스를 만들고 지우는 명령은 매우 간단해서 기억하기 쉽다.

데이터베이스 생성을 위해 CREATE DATABASE 사용

앞서 언급한 것처럼 데이터베이스를 자주 만들지는 않는다. 마리아DB에서 데이터베이스를 만들려면 CREATE DATABASE 명령을 사용한다. 기본 문법은 다음과 같다.

CREATE DATABASE <데이터베이스명>;

데이터베이스를 만들 때 데이터베이스가 이미 존재한다면 에러가 발생할 것이다. IF NOT EXISTS를 사용해서 에러가 발생하지 않게 할 수 있다.

데이터베이스를 만드는 몇 가지 예를 살펴보자.

CREATE DATABASE my_database;
CREATE DATABASE IF NOT EXISTS my_database;

위 두 개의 명령은 데이터베이스가 존재하지 않는 상태에서 실행하면 결과가 같다. 데이터베이스가 존재하는 상태에서 실행하면 첫 번째 명령은 에러가 발생하지만 두 번째 명령은 아무 일도 일어나지 않을 것이다.

데이터베이스 삭제를 위해 DROP DATABASE 사용

앞서 언급한 것처럼 데이터베이스를 제거할 일은 자주 없지만 제거해야 할 때는 DROP DATABASE 명령을 사용한다. 이 명령은 데이터베이스 명령 중에서 사용하기는 쉽지만 잠재적으로 굉장히 큰 위험을 가진 명령이다. 기본 문법은 다음과 같다.

DROP DATABASE <데이터베이스명>;

데이터베이스를 삭제하려고 할 때 대상 데이터베이스가 없다면 에러가 발생한다. IF EXISTS를 사용해서 에러가 발생하지 않게 할 수 있다.

생성된 데이터베이스를 삭제하는 두 가지 예를 살펴보자.

DROP DATABASE my_database;
DROP DATABASE IF EXISTS my_database;

my_database 데이터베이스가 존재하는 상태라면 위의 두 명령은 결과가 같다. 데이터베이스가 존재하지 않는 상태라면 첫 번째 명령은 에러가 발생하고, 두 번째 명령은 아무 일도 일어나지 않을 것이다.

앞에서 언급한 것처럼 DROP DATABASE 명령은 매우 위험할 수 있다. 데이터베이스를 삭제하기 위한 적절한 권한을 갖고 있기 때문이다. 마리아DB는 사용자를 신뢰하고 사용자가 하고자 할 때 어떠한 질문도 하지 않고 데이터베이스와 데이터베이스 안의 모든 것을 삭제한다. 따라서 사용자를 설정할 때 DROP DATABASE 명령을 사용할 능력이 되고 정말 필요한, 신뢰할 수 있는 사람에게만 이 권한을 부여하는 것이 중요하다. 사용자를 설정하고 권한을 부여하는 내용은 4장에서 더 다룬다.

데이터베이스를 삭제할 때 데이터베이스에 대한 사용자 권한은 삭제되지 않는다. 수동으로 권한을 회수하거나 사용자를 제거해야 한다. 반면에 데이터베이스를 다시 만들면 사용자는 여전히 다시 권한을 가진다. 사용자와 사용자의 권한을 관리하는 방법은 4장에서 배운다.

DROP DATABASE 명령에 대한 좀 더 많은 정보는 https://mariadb.com/kb/en/drop-database/에서 볼 수 있다.

데이터, 테이블, 정규화

데이터베이스를 사용하는 중요한 목적은 데이터 저장이다. 데이터는 정보다. 데이터 대부분 텍스트 기반이지만 항상 그런 것은 아니다. 데이터는 회사 전화번호부에서 환자 의학 기록, 자동차 부품 목록, 병 그림이 있는 미식가의 매운 소스 리뷰 등 어떤 것이든 될 수 있다.

마리아DB와 같은 데이터베이스 서버는 테이블table이라 불리는 구조에 정보를 저장한다. 테이블은 로우row와 칼럼column을 포함한 2차원 데이터 구조다. 로우는 데이터베이스에서 하나의 레코드record와 일치한다. 레코드는 각각 칼럼으로 분리된다. 데이터베이스 테이블을 특별한 스프레드시트처럼 생각하자.

데이터베이스 내의 칼럼은 한 가지 이상 정의된 관계를 가질 수 있다. 예를 들어 employee 테이블의 id 칼럼은 address 테이블의 employee_id 칼럼과 관계가 있다. 이런 관계(외래 키라고 부름)가 마리아DB를 관계형 데이터베이스 서버라고 부르는 이유가 된다.

데이터 테이블이 없는 데이터베이스는 마리아DB 시스템 데이터베이스(mysql 데이터베이스)에서 항목일 뿐 아무것도 아니고 datadir 디렉토리 아래

파일 시스템의 디렉토리일 뿐이다.[1] 몇 개의 테이블을 만들고 이런 테이블에 데이터를 추가하기 전에는 새로운 데이터베이스는 소용없다.

마리아DB에는 적어도 데이터베이스에서 테이블을 생성할 때보다 시작할 때 시간을 조금 들여야 한다.

테이블을 생성할 때 구조를 정의한다. 이때 정의하는 구조에는 많은 수의 칼럼과 각각의 칼럼에 저장할 데이터의 타입이 있다. 데이터 타입은 숫자, 텍스트, 날짜와 같은 것들을 포함한다. 예를 들어 employee(직원) 테이블을 생성한다면 각각의 로우가 직원 ID 번호, 성(텍스트), 이름(텍스트), 선호하는 이름(텍스트), 생일(날짜) 등을 포함할 것인지 결정한다.

물론 직원의 이메일 주소, 전화번호, 집 주소 등도 저장하길 원할 수 있다. 하지만 같은 테이블에 이런 데이터까지 저장하길 원하지 않을 수 있다. 왜? 종종 사람들은 이런 정보를 한 개 이상 가질 수 있기 때문이다. 예를 들어 많은 사람이 개인/업무용 이메일 주소를 따로 사용한다. 전화번호도 마찬가지지만, 일부는 집 전화번호가 더 있는 사람도 있다. 여러 개의 전화번호, 이메일 주소를 만족하도록 테이블을 디자인하려면 통제하기 어려울 정도로 많은 칼럼을 만들어야 하고, 한 개의 로우에 모든 데이터를 넣기가 불가능해진다. 대신 여러 개의 테이블에 데이터를 나눠서 넣고 테이블 간의 관계를 정의한다.

경험적으로 여러 개로 나눌 필요가 있을 경우 정보를 분리된 테이블에 나누면 좋다. 예를 들어 company 데이터베이스에 모든 것을 가진 한 개의 orders 테이블을 두는 건 이해가 가지 않는다. 대신 customers 테이블에 고객의 중요한 정보를 저장하고 addresses 테이블에는 배송지와 같은 여러 개의 주소 정보를 저장한다. 고객에게 배송할지 모르는 다양한 상품은 items 테

---

1. 마리아DB 설정 파일에 보면 다음과 같은 설정이 있다. - 옮긴이

```
[mysqld]
datadir=C:/apps/MariaDB 10.1/data
```

이블에 저장한다. 마지막으로 사용자의 주문을 확인할 수 있도록 주문 정보는 orders 테이블에 저장한다. 물론 정보를 분리하기 위한 유일한 방법이고 상점 결제, 공급자 등 다른 정보도 저장할 필요가 있을 것이다.

테이블을 정의하고 데이터를 여러 테이블에 나누는 과정을 정규화^{normalization}라고 부른다. 여기서 정규화를 완벽하게 다룰 수는 없지만 마리아DB 지식 베이스는 다음과 같은 참고할 수 있는 페이지를 제공한다.

https://mariadb.com/kb/en/recap-the-relational-model

테이블 생성, 변경, 삭제

이제 데이터베이스에서 데이터가 구조화되는 방법에 대해 조금 알았다. 테이블을 생성하고 수정하고 삭제하는 방법을 더 알아보자.

CREATE TABLE 사용

테이블을 생성하려면 CREATE TABLE 명령을 사용한다. 온라인 상점에서 사용하는 데이터베이스를 위해 고객^{customers}, 제품^{products}, 주문^{orders}, 제품 리뷰$^{product\ reviews}$, 고객 주소$^{customer\ addresses}$ 등을 저장하기 위한 테이블을 가져야 한다. 필요한 만큼 많은 테이블을 생성할 수 있지만, 앞에서 언급한 것처럼 중복이거나 사용하지 않는 데이터는 저장하지 않게 디자인해야 한다. 그렇다고 너무 걱정하지 말자. ALTER TABLE 명령('ALTER TABLE 사용' 절을 참고)을 사용해서 나중에 변경할 수 있다.

CREATE TABLE 사용: 기본 문법

CREATE TABLE 명령은 다음과 같은 문법을 사용한다.

CREATE TABLE 테이블명 (<칼럼 정의>);

데이터베이스를 만들 때처럼 IF NOT EXISTS 명령을 추가할 수 있다. IF NOT EXISTS 명령은 만들고자 했던 테이블이 이미 존재하더라도 에러가 발생하지 않게 한다.

〈칼럼 정의〉 부분은 다음과 같은 기본 형태를 가진다.

```
<칼럼명> <데이터 타입>
    [NOT NULL | NULL]
    [DEFAULT <기본 값>]
    [AUTO_INCREMENT]
    [UNIQUE [KEY] | [PRIMARY] KEY]
    [COMMENT '<주석 문구>']
```

꺾쇠괄호(<>) 안의 부분을 채워야 한다. 대괄호([]) 안의 부분은 옵션이며, 파이프라인 문자(|)를 사용해 선택 가능한 값을 알려 준다. 예를 들어 한 개의 칼럼 정의에서 NULL이나 NOT NULL을 지정할 수 있지만, 둘 다 지정하지 않을 수도 있다. 칼럼은 기본적으로 NULL이 될 수도 있고 값을 갖지 않을 수도 있다. NOT NULL로 표기한 칼럼은 절대로 값을 비우면 안 되고 어떤 값이든 가져야 한다. 여러 개의 칼럼 정의는 콤마를 사용해서 나열하는 형태로 정의한다.

CREATE TABLE 사용: 데이터 타입

칼럼 정의의 〈데이터 타입〉에서 데이터 타입을 정의하고 선택할 수 있는 데이터 타입은 많다. 데이터 타입은 저장하는 데이터의 타입이다. 데이터는 타입에 따라 효과적으로 저장하는 방식이 다르기 때문에 타입을 지정한다. 숫자는 날짜와는 다르게 처리될 수 있다. 공통적인 타입은 숫자, 문자, 날짜 데이터 타입이다.

숫자 데이터 타입에는 INTEGER(대개는 INT로 작성), FLOAT(부동소수점 숫자)가 있다. 다음은 부동소수점 숫자에 대한 좋은 글이 있는 링크다.

http://en.wikipedia.org/wiki/Floating_point

문자 또는 텍스트 기반의 데이터 타입은 CHAR, TEXT, VARCHAR이 있고, 텍스트의 길이에 따라 최적화돼 있다. CHAR 데이터 타입은 고정형 문자열이다. 예를 들어 숫자와 문자로 구성된 제품 아이디는 숫자로 저장할 수 없지만, 8자로 고정된 길이라면 CHAR(8)처럼 효과적으로 저장할 수 있다.

VARCHAR 데이터 타입은 문장 이상이 아닌 조금 긴 텍스트를 위한 타입이다. 이름과 주소와 같은 텍스트를 주로 VARCHAR에 저장한다.

마지막으로 날짜와 시각 데이터 타입은 DATE, TIME, DATETIME이 있다. 짐작하는 것처럼 DATE 데이터 타입은 날짜를 저장하기 위해 사용한다. 날짜를 저장하고 YYYY-MM-DD(네 자리 년도, 두 자리 월, 두 자리 날짜) 형태로 표시한다. 1998-02-14와 같은 형태 그대로 입력하는 것을 추천하지만, 다양한 방법으로도 입력할 수 있다. 예를 들면 2015-5-28, 15528과 15*05*28은 2015-05-28을 입력하기 위해 사용할 수 있는 방법이다.

TIME 데이터 타입은 HH:MM:SS.ssssss(시각:분:초.마이크로초) 형태의 시각을 저장하기 위한 타입이다. DATE 데이터 타입과 마찬가지로 마리아DB는 저장하고 HH:MM:SS.ssssss 형태로 표시한다. 입력하는 방법에 대해서는 다소 덜 까다롭다.

DATETIME 데이터 타입은 DATE와 TIME 데이터 타입의 조합이다. YYYY-MM-DD HH:MM:SS.ssssss 형태로 값을 저장하고 표시한다. 그리고 TIME 데이터 타입과 달리 시, 분, 초는 실제 세상에서 사용하는 값(예를 들어 26시간과 같은 값을 사용하시 않음)을 사용한다.

마리아DB에서 사용할 수 있는 특별한 데이터 타입이 있지만 지금부터 알아봐도 된다. https://mariadb.com/kb/en/data-types/에서 지원하는 데이터 타입의 목록을 보자.

지금 다른 모든 데이터 타입을 기억하려고 시도하면서 걱정하지 말자. 데이터 타입
은 마리아DB를 사용하면서 자연스럽게 습득될 것이다.

CREATE TABLE 사용: 다른 옵션

타입, 길이, 그리고 일부 타입에만 필요한 정밀도 등을 지정한 후 다른 옵션
을 지정한다. 칼럼의 값을 비워도 될지 여부, 기본 값은 어떤 값인지와 칼럼
이 자동 증가 값(INT와 FLOAT 같은 숫자 타입인 경우에만)인지, 칼럼의 값이 유일(동일
칼럼의 다른 레코드에 같은 값을 허용할지 여부)해야 하는지, 칼럼이 기본 키인지와 칼
럼 설명 등을 지정할 수 있다.

기본 키는 테이블에서 특정 행을 유일하게 구분하기 위한 칼럼이나 칼럼의
그룹이다. 테이블에서 같은 기본 키 값을 갖는 행은 없다. 테이블에서 이미
존재하는 기본 키의 값과 동일한 기본 키 값을 갖는 행을 입력하면 에러가
발생한다.

CREATE TABLE 사용: 예

employees의 예에서 테이블을 만들기 위해 CREATE 구문을 사용했다(test 데
이터베이스를 사용하거나 CREATE 명령으로 새로운 데이터베이스를 만든 후 USE 명령으로 데이터
베이스를 선택 후).

```
CREATE TABLE employees (
    id INT NOT NULL AUTO_INCREMENT PRIMARY KEY,
    surname VARCHAR(100),
    givenname VARCHAR(100),
    pref_name VARCHAR(50),
    birthday DATE COMMENT '대략적인 생일이면 됨'
);
```

위 코드를 실행하면 결과는 다음과 같다.

Query OK, 0 rows affected (0.00 sec)

Query OK의 결과는 테이블이 성공적으로 만들어졌다는 것을 의미한다. 새
로운 테이블에는 아직 데이터가 없기 때문에 영향을 받은 행이 없다고 표시
하기도 한다. 서버가 매우 늦거나 바쁘지 않는 한 명령은 즉시(0.00초나 0.05처
럼 큰 차이 없이) 완료된다.

 CREATE TABLE 명령에 대한 좀 더 많은 정보는 https://mariadb.com/kb/en/
create-table/에서 볼 수 있다.

테이블을 생성하는 명령을 보기 위해 SHOW 사용

언제라도 다른 데이터베이스에 유사한 테이블을 만들기 원한다면 테이블을
다시 만들기 위한 명령을 보기 위해 SHOW CREATE TABLE 명령을 사용할 수
있다. SHOW CREATE TABLE 명령의 예를 살펴보자.

```
MariaDB [test]> SHOW CREATE TABLE employees \G
*************************** 1. row ***************************
    Table: employees
Create Table: CREATE TABLE `employees` (
    `id` int(11) NOT NULL AUTO_INCREMENT,
    `surname` varchar(100) DEFAULT NULL,
    `givenname` varchar(100) DEFAULT NULL,
    `pref_name` varchar(50) DEFAULT NULL,
    `birthday` date DEFAULT NULL COMMENT ' 대략적인 생일이면 됨',
    PRIMARY KEY (`id`)
) ENGINE=InnoDB DEFAULT CHARSET=latin1
1 row in set (0.00 sec)
```

앞 예처럼 명령 뒤의 \G는 세미콜론 대신 사용할 수 있다. \G를 사용하면 예에서 보여주는 것처럼 세미콜론과는 약간 다르게 결과가 출력된다.

결과로 출력된 CREATE TABLE 명령은 실제로 테이블을 만들기 위해 사용할 CREATE TABLE 명령과는 조금 다르다. 하지만 생성되는 테이블은 정확히 동일하다. 기본 값을 다르게 해서 다른 서버에서 테이블을 만든다면 마리아 DB는 테이블을 다시 만들기 위한 충분한 정보를 제공함으로써 약간의 차이점이 있다.

예를 들어 칼럼 정의 뒤 ENGINE과 DEFAULT CHARSET 부분은 마리아DB 서버가 제공하는 테이블 기본 옵션이다. 다른 마리아DB 서버에서는 기본 값이 다를 수 있기 때문에 여기서는 명시된 것이다.

 SHOW CREATE TABLE 명령에 대한 좀 더 많은 정보는 https://mariadb.com/kb/en/show-create-table/에서 볼 수 있다.

테이블 구조를 보기 위해 DESCRIBE 사용

테이블을 만드는 명령을 볼 필요는 없지만, 테이블의 구조를 알고 싶다면 다음처럼 DESCRIBE 명령을 사용할 수 있다.

```
MariaDB [test]> DESCRIBE employees;
+-----------+--------------+------+-----+---------+-------------+
| Field     | Type         | Null | Key | Default | Extra       |
+-----------+--------------+------+-----+---------+-------------+
| id        | int(11)      | NO   | PRI | NULL    | auto_increment|
| surname   | varchar(100) | YES  |     | NULL    |             |
| givenname | varchar(100) | YES  |     | NULL    |             |
| pref_name | varchar(50)  | YES  |     | NULL    |             |
```

```
| birthday  | date          | YES |     | NULL    |             |
+-----------+---------------+-----+-----+---------+-------------+
5 rows in set (0.00 sec)
```

기본 정보는 익숙하지 않은 테이블이거나 모든 필드를 기억할 수 없을 경우 정보를 찾으려고 할 때 특히 더 도움이 된다(정보를 찾는 방법은 7장에서 다룬다).

DESCRIBE 명령의 특이한 점은 주석(COMMENT)을 표시하지 않는다는 점이다. 특정 칼럼에만 관심이 있다면 다음처럼 칼럼을 명시할 수 있다.

```
MariaDB [test]> DESCRIBE employees birthday;
+-----------+------+------+-----+---------+-------+
| Field     | Type | Null | Key | Default | Extra |
+-----------+------+------+-----+---------+-------+
| birthday  | date | YES  |     | NULL    |       |
+-----------+------+------+-----+---------+-------+
1 row in set (0.00 sec)
```

 DESCRIBE 명령에 대한 좀 더 많은 정보는 https://mariadb.com/kb/en/describe/ 에서 볼 수 있다.

ALTER TABLE 사용

원하는 형태로 정의된 테이블을 갖게 많은 시간을 쓸 수도 있지만, 변경이 필요한 시점에 변경할 수도 있다. ALTER TABLE 명령을 사용해서 테이블의 구조를 변경한다.

ALTER TABLE 사용: 기본 문법

ALTER TABLE 명령의 기본 문법은 다음과 같다.

ALTER TABLE table_name <변경 정의>[, 변경 정의] ...;

〈변경 정의〉 부분을 활용해서 ADD, MODIFY, DROP을 지정해서 각 칼럼을 추가, 변경, 삭제할 수 있다. 한 개의 ALTER TABLE 명령에서 여러 개의 변경 정의를 둘 때는 각각을 콤마로 구분해서 나열한다.

하나의 ALTER TABLE 명령에서 여러 개의 변경 정의 부분을 가질 수 있기 때문에 다음 네 개의 절에서 다루는 문법의 예에서는 ALTER TABLE 테이블명으로 시작하지 않을 것이다. 실제 사용법을 보여주는 예제는 완전한 형태를 사용해야 한다.

ALTER TABLE 명령을 사용할 때 테이블 데이터는 필요한 경우 보존되거나 변환된다.

ALTER TABLE 사용: 칼럼 추가

ALTER TABLE 명령의 변경 정의 속성은 다음의 형태를 사용해서 칼럼을 추가할 때 사용한다.

ADD <칼럼명> <칼럼 정의> [FIRST|AFTER <칼럼명>]

FIRST와 AFTER 부분은 설정하지 않아도 무방하다. 둘 중 하나를 사용할 수도 있고 둘 다 사용하지 않을 수도 있다. FIRST 옵션은 행의 첫 번째 칼럼에 새로운 칼럼을 추가한다. AFTER 옵션은 명시한 칼럼 뒤에 새로운 칼럼을 추가한다. FIRST나 AFTER 둘 다 사용하지 않으면 가장 뒤에 추가될 것이다. 예를 들어 다음 명령은 username 칼럼을 pref_name 칼럼 뒤에 추가할 것이다.

ALTER TABLE employees ADD username varchar(20) AFTER pref_name;

ALTER TABLE 사용: 칼럼 변경

ALTER TABLE 명령은 다음의 형태를 사용해서 칼럼을 변경할 때 사용한다.

MODIFY <칼럼명> <칼럼 정의>

예를 들어 다음의 ALTER TABLE 명령은 pref_name 칼럼의 타입을
varchar(50)에서 varchar(25)로 변경할 것이다.

ALTER TABLE employees MODIFY pref_name varchar(25);

ALTER TABLE 사용: 칼럼 삭제

ALTER TABLE 명령은 다음의 형태를 사용해서 칼럼을 삭제할 때 사용한다.

DROP <칼럼명>

예를 들어 다음의 ALTER TABLE 명령은 이미 만들어져 있는 username 칼럼
을 삭제할 것이다.

ALTER TABLE employees DROP username;

ALTER TABLE 명령을 그대로 실행했다면 employees 테이블은 다음과 같이
보일 것이다.

```
MariaDB [test]> DESCRIBE employees;
+-----------+--------------+------+-----+---------+----------------+
| Field     | Type         | Null | Key | Default | Extra          |
+-----------+--------------+------+-----+---------+----------------+
| id        | int(11)      | NO   | PRI | NULL    | auto_increment |
| surname   | varchar(100) | YES  |     | NULL    |                |
| givenname | varchar(100) | YES  |     | NULL    |                |
| pref_name | varchar(25)  | YES  |     | NULL    |                |
| birthday  | date         | YES  |     | NULL    |                |
+-----------+--------------+------+-----+---------+----------------+
5 rows in set (0.00 sec)
```

 ALTER TABLE 명령에 대한 좀 더 많은 정보는 https://mariadb.com/kb/en/alter-
table에서 볼 수 있다.

DROP TABLE 사용

테이블이 더 이상 필요하지 않다면 데이터베이스가 더 이상 필요하지 않을 때처럼 DROP TABLE 명령을 사용해서 테이블을 삭제한다. 테이블을 삭제하는 명령은 지금까지 살펴본 명령 중 가장 쉽지만, 잠재적으로 가장 위험하다. 다음은 테이블을 삭제하는 명령의 기본적인 문법이다.

DROP TABLE <테이블명>

삭제하려는 테이블이 없다면 에러가 발생할 것이다. IF EXISTS를 사용해서 대상 테이블이 없더라도 에러가 발생하지 않게 할 수 있다. 다음은 테이블을 삭제하는 두 가지 예다.

DROP TABLE mytable;
DROP TABLE IF EXISTS mytable;

테이블이 존재하면 앞의 두 가지 명령은 결과가 같다. 테이블이 존재하지 않는다면 첫 번째 명령은 에러가 발생할 것이고, 두 번째 명령은 아무 일도 발생하지 않는다.

앞에서 언급한 것처럼 DROP TABLE 명령은 매우 위험할 수 있다. 테이블을 삭제하는 데 충분한 권한이 있다면 마리아DB는 사용자를 신뢰하고 어떤 질문도 없이 테이블과 테이블에 관련된 모든 것을 지울 것이다. 따라서 사용자를 설정할 때 정말 필요한 신뢰하는 사람에게만 DROP TABLE 명령을 사용할 수 있는 권한을 주는 게 중요하다. 사용자를 설정하고 권한을 주는 내용은 4장에서 다룬다.

 DROP TABLE 명령에 대한 좀 더 많은 정보는 https://mariadb.com/kb/en/drop-table에서 볼 수 있다.

요약

5장에서는 많은 내용을 다뤘다. mysql 명령 클라이언트 애플리케이션과 마리아DB에 접속하기 위해 애플리케이션을 사용하는 방법에 대해 배웠다. 그리고 존재하는 다른 데이터베이스로 전환하기 위한 USE 명령, 마리아DB의 모든 데이터베이스 목록을 보기 위한 SHOW 명령, 데이터베이스를 생성하는 방법도 배웠다. 데이터 타입과 정규화에 관련된 정보를 살펴봤고, 테이블을 생성하고 변경하기 위해 정보를 사용하는 방법도 배웠다. 마지막으로 데이터베이스와 테이블을 삭제하는 방법을 배웠다. 6장에서는 데이터베이스 테이블에 데이터를 저장하고 변경하는 방법을 다룬다.

6

마리아DB 사용:
입력, 수정, 삭제

마리아DB를 사용할 때 데이터베이스 테이블에 데이터를 넣거나 수정하고 삭제하는 데 대부분의 시간을 사용한다. 6장에서는 이런 작업 방법을 배운다.

6장에서 다루는 내용은 다음과 같다.

- INSERT 사용
- UPDATE 사용
- DELETE 사용

INSERT 사용

데이터베이스에 데이터를 넣기 위해서는 INSERT 명령을 사용한다. 다음은 INSERT 명령의 기본 문법이다.

INSERT [INTO] <테이블명> [(<칼럼명>[, <칼럼명>,...])]

```
{VALUES | VALUE}
({<표현식>|DEFAULT},...)[,(...),...];
```

CREATE TABLE 명령처럼 꺾쇠괄호(<>) 안의 부분은 다른 값으로 바꿀 수 있다. 대괄호([]) 안의 부분은 사용하지 않아도 되고, 파이프라인 문자(|)를 사용해서 선택 가능한 값을 알려 준다. 중괄호({})는 필수 값을 나타내지만, 여기서는 사용할 수 있는 키워드를 선택한다. 예를 들어 INTO 키워드는 사용하지 않아도 되지만 INSERT 줄을 좀 더 읽기 편하게 해준다. VALUES나 VALUE는 입력한 데이터가 한 개인지 여러 개인지에 따라 선택하지만, 둘 중에 하나는 반드시 선택해서 사용해야 한다. 세 개의 점이 나열된 부분은 앞의 적힌 내용이 반복된다.

표현식은 칼럼에 넣을 값을 나열한다. 표현식은 계산된 값(오늘 날짜 기준으로 4일 뒤 날짜를 계산한 값과 같은), 고정 값(John과 같은)이나 칼럼에 할당된 기본 값이 될 수도 있다. 기본 값은 따옴표 없이 DEFAULT 키워드를 사용해 할당한다.

전체 칼럼 데이터 입력

문법의 예에서 본 것처럼 데이터를 넣을 칼럼을 명시하는 것은 선택 사항이다. 예를 들어 5장에서 생성한 employees 테이블에 칼럼명을 명시하지 않고 한 개의 로우를 입력하려면 다음과 같다.

```
INSERT INTO employees VALUES
    (NULL, "Perry", "Lowell Tom", "Tom", "1988-08-05");
```

칼럼을 명시하지 않으면 테이블 정의 순서대로 테이블의 모든 칼럼에 값을 명시해야만 한다. employees 테이블의 id 칼럼처럼 자동 증가 칼럼에 값을 설정하더라도 마리아DB가 알아서 처리한다. 따라서 자동 증가 칼럼인 id 칼럼에 NULL을 사용하더라도 NULL을 설정하지 않고 마리아DB가 자체적으로 값을 제공해서 설정한다. NULL 키워드는 값이 없다는 것을 의미한다. 일부 칼럼은 NULL을 사용하게 허용하지 않을 것이다.

NULL이 가능하게 칼럼 정의가 됐다면 값을 넣지 않고 싶은 칼럼에 NULL을 사용할 수 있다. 예를 들어 두 직원의 성과 이름을 넣고 싶다면 다음과 같이 할 수 있다.

```
INSERT INTO employees VALUES
    (NULL, "Pratt","Parley", NULL, NULL),
    (NULL, "Snow","Eliza", NULL, NULL);
```

각각의 로우는 괄호로 감싸져 있고 콤마로 구분해서 두 줄에 나눠져 있다.

앞서 언급한 것처럼 insert 구문에 칼럼을 명시하지 않을 경우 불편한 점은 입력할 로우의 모든 칼럼에 뭔가를 넣어야 한다는 것이다. 많은 칼럼을 가진 테이블이라면 굉장히 번거로운 작업일 수 있다.

각각의 칼럼에 뭔가를 적는 것보다는 데이터베이스 테이블에 선언된 칼럼 순서를 정확히 지켜서 적는 게 더 중요하다. 테이블의 칼럼 순서는 언제든 변경될 수 있기 때문에 안전 문제를 야기한다. 칼럼 순서가 변경되면 입력하려던 값이 다른 칼럼에 잘못 들어갈 수 있다. 예를 들어 이름을 birthday 칼럼에 넣는 것과 같은 일이 발생하면 입력은 실패할 것이다. 성과 이름의 순서를 바꿔 넣으면 더 안 좋을 것이다. 성과 이름은 데이터 타입이 동일하므로 INSERT 구문 내에서 순서를 다르게 적더라도 실패하지는 않을 것이다. 하지만 보이지 않는 에러이고 잘못된 형태로 이름이 들어가게 될 것이다.

테이블의 모든 칼럼을 명시하더라도 데이터를 입력하는 칼럼을 항상 명시하는 게 더 좋고 안전한 방법이다.

일부 칼럼 데이터 입력

테이블에 데이터를 입력할 때 employees 데이터베이스의 surname과 givenname 칼럼처럼 일부 칼럼에만 입력하고자 하는 경우가 종종 있다. 일부 로우만 입력하려면 다음처럼 값을 제공할 칼럼만 명시한다.

```
INSERT INTO employees (surname,givenname) VALUES
    ("Taylor","John"),
    ("Woodruff","Wilford"),
    ("Snow","Lorenzo");
```

특정 칼럼만 명시하면 데이터를 넣을 순서(데이터베이스 내 순서는 변경되지 않을 것이다)도 변경할 수 있다는 장점이 있다. 예를 들어 다음처럼 pref_name 칼럼을 나열할 수 있다.

```
INSERT INTO employees (pref_name,givenname,surname,birthday)
    VALUES ("George","George Albert","Smith","1970-04-04");
```

물론 한 개의 칼럼(VALUES 대신 VALUE를 사용한 경우)도 명시할 수 있다.

```
INSERT employees (surname) VALUE ("McKay");
```

 INSERT 명령에 대한 좀 더 많은 정보는 https://mariadb.com/kb/en/insert에서 볼 수 있다.

다른 테이블에서 데이터 입력

때때로 테이블에 입력하고자 하는 데이터가 데이터베이스의 다른 테이블에 이미 존재하는 경우가 있다. 이런 상황을 다루기 위해 INSERT 명령의 특별한 형태가 있다. 문법은 다음과 같다.

```
INSERT [INTO] <테이블명_1> [(<칼럼명>[, <칼럼명>,...])]
SELECT <칼럼명>[, <칼럼명>,...]
FROM <테이블명_2>;
```

예를 들어 데이터베이스에 우리 회사랑 합치는 다른 회사의 직원 정보가 들어있는 names라는 테이블이 있다고 가정하자. 데이터 타입은 employees 데이터베이스와 호환이 된다고 가정하자. 생일(bday 칼럼 값)은 날짜(date 타입)

로 저장하고 이름(lastname, firstname 칼럼 값)은 varchar 데이터 타입과 호환
되는 타입으로 저장한다. 다음과 같은 형태를 사용해서 names 테이블의 데
이터를 employee 테이블에 추가할 수 있다.

```
INSERT INTO employees (surname, givenname, birthday)
SELECT lastname, firstname, bday
FROM names;
```

다른 테이블의 데이터를 사용해서 입력할 때 employees 데이터베이스의 id
칼럼처럼 자동 증가 칼럼에 값을 넣는 점을 주의해야 한다. 사용할 테이블에
이런 자동 증가 칼럼이 하나라도 있다면 값이 없는지와 데이터를 읽을 때
생략하는지를 확인할 필요가 있다.

앞 예의 SELECT 부분에 대해서는 걱정하지 말자. 7장에서 SELECT 명령을
다룬다.

 INSERT...SELECT 명령에 대한 좀 더 많은 정보는 https://mariadb.com/kb/en/
insert-select/에서 볼 수 있다.

파일에서 데이터 입력

파일을 읽어서 테이블에 데이터를 입력할 수도 있다. 이런 경우 탭으로 구분
한 파일을 가장 흔히 사용한다. 탭 문자로 정보를 구분한다. 마리아DB는
파일을 읽어서 테이블에 데이터를 입력하는 명령을 제공한다. 다음과 같이
사용한다.

```
LOAD DATA [LOCAL] INFILE '<파일명>'
    INTO TABLE <테이블명>
    [(<칼럼명>[, <칼럼명>,...]];
```

LOCAL 옵션을 사용한다면 마리아DB는 클라리언트가 실행 중인 파일 시스템에서 파일을 찾을 것이다. LOCAL 옵션을 사용하지 않으면 서버가 실행 중인 파일 시스템에서 찾을 것이다. 마리아DB가 실행 중인 컴퓨터와 동일한 컴퓨터에서 클라이언트를 실행하면 LOCAL 옵션은 사용하지 않아도 된다. 이런 경우 파일의 전체 경로를 사용하는 것을 추천한다.

명령의 일부로 칼럼이 명시되지 않으면 마리아DB는 입력할 테이블의 모든 칼럼에 해당되는 값을 동일한 순서로 파일이 갖고 있을 것이라고 가정할 것이다. 칼럼을 명시해서 파일 안의 각 값이 테이블의 어떤 칼럼에 들어갈지를 마리아DB에 알릴 것이다.

파일을 로딩하는 예로 파일명을 new_employees라고 가정해보자. 이 파일은 employees 테이블의 birthday(생일), surname(성), 그리고 givenname(이름) 칼럼에 관련된 세 개의 값을 가진다. 다음의 예를 보자.

1971-08-09   Anderson Neil
1985-01-24   Christofferson Todd

이 파일을 employees 테이블에 로딩하려면 다음과 유사한 형태로 처리한다.

```
LOAD DATA INFILE '/tmp/new_employees'
    INTO TABLE employees
    (birthday, surname, givenname);
```

이 명령에는 많은 옵션이 있다. 파일의 처음 몇 줄은 무시하거나 구분자로 탭에서 다른 문자로 변경하는 등을 옵션에서 할 수 있다.

 LOAD DATA INFILE 명령에 대한 좀 더 많은 정보는 https://mariadb.com/kb/en/load-data-infile/에서 볼 수 있다.

UPDATE 사용

테이블에 데이터를 넣었다고 끝나지는 않는다. 주소^{addresses}, 이름^{names}과 다른 여러 타입의 데이터를 변경할 것이다. 테이블에 들어 있는 데이터를 수정할 필요가 있을 때 UPDATE 명령을 사용한다. 다음은 기본 문법이다.

```
UPDATE <테이블명>
    SET 칼럼명1={표현식|DEFAULT}
    [, 칼럼명2={표현식|DEFAULT}] …
    [WHERE <조회 조건>];
```

INSERT 명령과는 달리 데이터를 수정할 때 각각의 칼럼명 뒤에 입력한 데이터를 지정한다.

WHERE 조건을 사용하는 것도 또 다른 차이점이다. WHERE 조건은 변경하고자 하는 테이블의 칼럼을 지정하기 위해 사용하기 때문에 매우 중요하다. WHERE 조건을 생략하면 UPDATE 구문은 선택한 칼럼의 모든 데이터를 수정할 것이다. 예를 들면 고든^{Gordon}의 정보를 변경하고자 할 때 실수로 모든 직원의 전화번호를 같은 번호로 변경할 수 있다.

 조심하라!! UPDATE 명령을 사용할 때 WHERE를 사용하지 않으면 테이블의 모든 데이터를 수정할 것이다. 이건 결코 원하는 상황이 아닐 것이다.

employees 테이블에서 일부 직원들의 생일과 선호하는 이름을 다음과 같이 추가해보자.

```
UPDATE employees SET
    pref_name = "John", birthday = "1958-11-01"
    WHERE surname = "Taylor" AND givenname = "John";
```

```
UPDATE employees SET
    pref_name = "Will", birthday = "1957-03-01"
    WHERE surname="Woodruff";

UPDATE employees SET
    birthday = "1964-04-03"
    WHERE surname = "Snow";
```

위 명령을 각각 실행하면 마리아DB는 다음과 같은 두 줄의 결과를 출력한
다. 예에서는 0.03초 정도지만, 소요 시간은 조금 다를 수 있다.

```
Query OK, 1 row affected (0.03 sec)
Rows matched: 1 Changed: 1 Warnings: 0
```

이 두 줄은 WHERE 조건에 일치하는 행이 몇 개인지 알려 주는데, 여기서는
한 개의 행이 변경됐다.

그리고 이 예에서 surname 칼럼이나 surname과 givenname 칼럼을 사용해
서 직원을 찾았다. 테이블에 수천의 로우가 있다면 수천 명의 정보가 있다는
것을 나타낸다. 같은 이름을 가진 사람이 여러 명 있을 수 있다. 따라서 오직
한 사람의 정보만 수정하려면 수정하려는 사람만 나오도록 WHERE 조건을
수정해야 한다. employees 테이블의 ID 칼럼은 이러한 목적을 위해 사용한
다. ID 칼럼은 테이블의 기본 키로 설정했다. 테이블에서 기본 키로 설정된
칼럼은 같은 값을 가진 다른 로우가 없다는 것을 의미한다. 테이블의 기본
키는 여러 개의 칼럼으로 정의할 수도 있다는 것을 뜻하고, 여러 개의 칼럼을
함께 읽을 때 테이블의 다른 로우와 같을 수 없다는 것을 뜻한다.

특정 직원의 아이디(ID 칼럼의 값)를 찾으려면 SELECT 명령을 사용해서 직원을
찾을 것이다. SELECT 명령을 사용하는 방법은 7장에서 다룬다. 일단 아이디
를 얻으면 UPDATE 명령에서 그 값을 사용할 것이다. 예를 들어 팔리 프랫
Parley Pratt의 아이디가 2라면 다음처럼 생일을 추가할 수 있을 것이다.

```
UPDATE employees SET
    birthday = "1975-04-12"
    WHERE id = 2;
```

 UPDATE 명령에 대한 좀 더 많은 정보는 https://mariadb.com/kb/en/update/에서 볼 수 있다.

DELETE 사용

가끔은 데이터를 변경할 필요가 있지만, 또 가끔은 데이터베이스 테이블에서 삭제할 필요도 있다. 사람은 새로운 직업을 얻고, 생산되던 제품이 생산 중단되기도 한다. 데이터베이스 테이블에서 데이터를 삭제할 필요가 있을 때는 DELETE 명령을 사용한다. 다음은 기본 문법이다.

DELETE FROM <테이블명> [WHERE <조회 조건>];

UPDATE 구문처럼 DELETE 구문의 WHERE 조건도 사용하거나 사용하지 않을 수 있다. 하지만 WHERE 조건을 사용하지 않으면 DELETE 명령은 테이블의 모든 행을 삭제한다. UPDATE 구문에서의 WHERE보다도 더 큰 재앙을 불러일으킬 수 있다. 가능하다면 항상 WHERE 조건을 함께 사용하자. 하나의 버릇처럼 항상 사용하자.

다음 예처럼 직원 Spencer Kimball의 데이터를 삭제해보자.

DELETE FROM employees
WHERE givenname="Spencer" AND surname="Kimball";

UPDATE의 예에서처럼 WHERE절에 givenname과 surname 칼럼을 사용해서 삭제하고자 하는 로우를 찾는다. 기본 키를 사용해서 찾고자 하는 로우를 찾는 것이 더 정확해서 다음에는 기본 키를 사용한다.

DELETE 명령을 사용할 때는 굉장히 조심해야 한다. DELETE 명령은 금방 처리되고, 잘못 사용하면 오랜 기간 동안 문제가 될 수 있다.

 DELETE 명령에 대한 좀 더 많은 정보는 https://mariadb.com/kb/en/delete/에서 볼 수 있다.

요약

6장에서는 테이블에 데이터를 입력할 때 전체 또는 일부의 로우에 넣는 방법을 배웠다. 그리고 다른 테이블에서 데이터를 가져와서 넣는 방법과 파일에서 읽어 넣는 방법 또한 배웠다. 그러고 나서 테이블에서 데이터를 수정하거나 삭제하는 방법도 배웠다.

6장의 앞에서 언급한 것처럼 데이터를 입력, 수정, 삭제하는 작업은 마리아DB를 사용할 때 상당한 시간을 보내게 될 것이다. 데이터를 읽는 데 더 많은 시간을 보내게 되고 데이터를 읽는 방법은 7장에서 다룬다.

7

마리아DB 사용: 데이터 조회

데이터는 가져오거나 읽을 수 있을 때만 유용하다. 7장에서는 데이터를 읽는 기본적인 방법을 알아본다.

7장에서 다루는 내용은 다음과 같다.

- 데이터 조회
- 데이터 필터링과 검색
- 데이터 정렬
- 데이터 조인
- 데이터 요약

데이터 조회

데이터베이스에서 데이터를 가져오거나 읽기 위한 명령은 SELECT다. 모든 SQL 명령 중에서 가장 자주 사용할 것이다. 다양한 옵션을 모두 사용한다

면 문법은 꽤나 복잡하다. 어쨌든 기본 문법은 꽤 단순하고 다음과 같은
형태다.

```
SELECT <칼럼> FROM <테이블명>
    [WHERE <조회조건>]
    [ORDER BY <칼럼명>];
```

〈칼럼〉 부분에 데이터를 가져올 칼럼을 명시한다. WHERE와 ORDER BY 줄은
각각 데이터를 필터링하고 정렬하는 방법이다.

 SELECT 명령에 대한 좀 더 많은 정보는 https://mariadb.com/kb/en/select/에서
볼 수 있다.

모든 데이터 조회

일반적으로 〈칼럼〉 부분은 모든 칼럼을 명시하는 데 사용한다. 별표(*)를 사
용해서 처리한다. 예를 들어 employees 테이블에서 모든 데이터를 가져오
기 위해 다음처럼 처리할 수 있다.

```
SELECT * FROM employees;
```

WHERE 조건을 명시하지 않아서 데이터의 모든 데이터를 가져올 것이다. 그
리고 ORDER BY 절을 명시하지 않아 데이터를 가져와서 테이블에 저장된
순서대로 표시할 것이다. 6장에서 실행한 예처럼 결과는 다음과 유사할 것
이다.

```
MariaDB [test]> SELECT * FROM employees;
+----+---------------+---------------+-----------+------------+
| id | surname       | givenname     | pref_name | birthday   |
+----+---------------+---------------+-----------+------------+
|  1 | Perry         | Lowell Tom    | Tom       | 1988-08-05 |
```

```
|  2 | Pratt         | Parley        | NULL      | 1975-04-12 |
|  3 | Snow          | Eliza         | NULL      | 1964-04-03 |
|  4 | Taylor        | John          | John      | 1958-11-01 |
|  5 | Woodruff      | Wilford       | Will      | 1957-03-01 |
|  6 | Snow          | Lorenzo       | NULL      | 1964-04-03 |
|  7 | Smith         | George Albert | George    | 1970-04-04 |
|  8 | McKay         | NULL          | NULL      | NULL       |
|  9 | Anderson      | Neil          | NULL      | 1971-08-09 |
| 10 | Christofferson| Todd          | NULL      | 1985-01-24 |
+----+---------------+---------------+-----------+------------+
10 rows in set (0.00 sec)
```

선택 칼럼만 조회

테이블이 너무 많은 칼럼을 갖고 있거나 데이터의 일부만 가져오고자 할 때 데이터의 일부만 조회하길 원할 것이다. 일부만 가져오는 방법이 성능에 더 좋기도 하고 가능하면 별표(*)를 사용하기보다는 개별 칼럼을 명시적으로 선언하는 방법이 좋다. 이렇게 칼럼의 일부만 가져오기 위해 〈칼럼〉 절에 콤마로 구분해서 명시할 수 있다. 예들 들어 다음처럼 이름(givenname 칼럼 값)과 성(surname 칼럼 값)만 조회할 수 있다.

```
SELECT givenname,surname FROM employees;
```

구문의 실행 결과는 다음과 유사할 것이다.

```
MariaDB [test]> SELECT givenname,surname FROM employees;
+---------------+---------------+
| givenname     | surname       |
+---------------+---------------+
| Lowell Tom    | Perry         |
| Parley        | Pratt         |
| Eliza         | Snow          |
| John          | Taylor        |
| Wilford       | Woodruff      |
```

```
| Lorenzo        | Snow            |
| George Albert  | Smith           |
| NULL           | McKay           |
| Neil           | Anderson        |
| Todd           | Christofferson  |
+----------------+-----------------+
10 rows in set (0.00 sec)
```

데이터 필터링과 조회

테이블에 많은 로우가 있다면 가져올 로우를 제한하길 원할 것이다. 이는 하나 이상의 WHERE 조건을 사용해서 처리할 수 있다. 필터링을 할 때 전체, 특정 값 또는 부분 값으로 필터링을 할 수 있다.

특정 값 필터링

특정 값으로 필터링할 때 칼럼의 전체 값을 사용한다. 예를 들어 1970년 1월 1일이나 그 이후 태어난 사람의 데이터를 가져오려면 다음처럼 WHERE 절을 사용한다.

```
WHERE birthday >= '1970-01-01'
```

결과는 다음과 유사할 것이다.

```
MariaDB [test]> SELECT * FROM employees
    -> WHERE birthday >= '1970-01-01';
+----+----------------+----------------+-----------+------------+
| id | surname        | givenname      | pref_name | birthday   |
+----+----------------+----------------+-----------+------------+
|  1 | Perry          | Lowell Tom     | Tom       | 1988-08-05 |
|  2 | Pratt          | Parley         | NULL      | 1975-04-12 |
|  7 | Smith          | George Albert  | George    | 1970-04-04 |
|  9 | Anderson       | Neil           | NULL      | 1971-08-09 |
```

```
| 10 | Christofferson | Todd          | NULL      | 1985-01-24 |
+----+----------------+---------------+-----------+------------+
5 rows in set (0.00 sec)
```

>= 기호는 비교 연산자다. 이 연산자는 수학에서 사용하는 것처럼 같거나 큰 것을 의미한다. 필터링을 위해 사용할 수 있는 비교 연산자는 많고 정확히 일치하는 칼럼 값을 찾는 등호(=)는 가장 흔히 사용하는 연산자다. 6장에서 정확히 일치하는 데이터를 찾아 수정한 것처럼 광범위하게 사용된다. 다음과 같은 링크에서 비교 연산자 목록을 모두 볼 수 있다.

https://mariadb.com/kb/en/comparison-operators

 방금 살펴본 예에서 화살표(->)는 키보드로 입력한 내용이 아니다. mysql 명령 클라이언트 프로그램은 세미콜론(;)으로 명령이 끝나기 전에 엔터 키를 누른 것을 보여주기 위해 화살표를 추가하고 두 번째 줄에서 계속 명령을 입력할 수 있게 한다. 엔터 키를 누르고 명령을 끝내는 것을 잊었다면 세미콜론을 넣고 엔터 키를 누르면 된다. 방금 살펴본 예에서는 읽기 편하게 두 줄로 나눠서 명령을 입력할 목적으로 이렇게 했다.

논리 연산자 사용

앞서 언급한 것처럼 WHERE절의 조건을 한 개만 사용하게 제한하지는 않았다. AND, OR, IN, NOT 연산자를 사용해서 여러 개를 나열할 수 있다.

AND 연산자 사용

AND 연산자는 SELECT 구문에 조건을 추가한다. 다음 예처럼 AND 연산자로 구분해서 두 조건이 반드시 일치하는 로우를 가져올 수 있다.

```
MariaDB [test]> SELECT * FROM employees
    -> WHERE surname = 'Snow'
```

```
    -> AND givenname LIKE 'Eli%';
+----+---------+-----------+-----------+------------+
| id | surname | givenname | pref_name | birthday   |
+----+---------+-----------+-----------+------------+
|  3 | Snow    | Eliza     | NULL      | 1964-04-03 |
+----+---------+-----------+-----------+------------+
1 row in set (0.00 sec)
```

성이 Snow인 직원은 두 명이지만 AND 연산자와 조건을 추가해서 한 명만 조회했다.

OR 연산자 사용

OR 연산자는 AND 연산자의 반대다. OR 연산자로 구분된 각각의 조건에 일치하면 로우를 가져올 것이다. 예를 살펴보자.

```
MariaDB [test]> SELECT * FROM employees
    -> WHERE givenname = 'Neil'
    -> OR givenname = 'John';
+----+----------+-----------+-----------+------------+
| id | surname  | givenname | pref_name | birthday   |
+----+----------+-----------+-----------+------------+
|  4 | Taylor   | John      | John      | 1958-11-01 |
|  9 | Anderson | Neil      | NULL      | 1971-08-09 |
+----+----------+-----------+-----------+------------+
2 rows in set (0.00 sec)
```

위 예에서 직원의 이름(givenname 칼럼)이 John이나 Neil인 로우를 가져올 것이다.

연산자 처리 순서

수학에서 수학 연산이 다른 것보다 먼저 실행하는 '연산자의 순서'라는 개념이 있다. 예를 들어 곱셈이 덧셈보다 먼저 실행된다. SQL과 같은 컴퓨터

언어에도 같은 개념이 있다.

SQL에서 AND 연산자를 처음 실행하고 OR 연산자를 그다음 실행한다. 이런 연산자의 순서에 주의하지 않으면 기대한 것과 다른 결과를 야기할 수 있다. 예를 살펴보자.

```
SELECT * FROM employees
WHERE
        givenname = 'John'
    OR  givenname = 'Tom'
    AND surname = 'Snow';
```

작성된 방법 때문에 이름(givenname 칼럼)이 John이나 Tom이고 성(surname 칼럼)이 Snow인 모든 로우를 조회하는 쿼리로 기대할 것이다. 테이블에서 성이 Snow인 사람의 이름이 Eliza와 Lorenzo이기 때문에 결과 데이터가 없을 것이라고 기대할 것이다. 하지만 쿼리를 실행해보면 다음과 같은 결과를 얻게 된다.

```
MariaDB [test]> SELECT * FROM employees
 WHERE
     ->         givenname = 'John'
     -> OR      givenname = 'Tom'
     -> AND     surname = 'Snow';
+----+---------+-----------+-----------+------------+
| id | surname | givenname | pref_name | birthday   |
+----+---------+-----------+-----------+------------+
|  4 | Taylor  | John      | John      | 1958-11-01 |
+----+---------+-----------+-----------+------------+
1 row in set (0.00 sec)
```

마리아DB가 쿼리를 해석할 때 AND를 먼저 실행하고 그다음 OR를 실행하기 때문에 실제로 마리아DB는 이름(givenname 칼럼)이 Tom이고 성(surname 칼럼)이 Snow이거나 이름(givenname 칼럼)이 John인 로우를 가져오는 쿼리로 읽는다는 것을 의미한다. 이름(givenname 칼럼)이 John인 직원이 한 명 있다.

수학과 마찬가지로 괄호를 사용해서 함께 묶고 싶은 연산자를 모으는 방법이 이런 상황을 해결하기 위해 가장 좋다. 예제 쿼리에서 OR를 함께 묶으면 다음처럼 기대한 결과(조회 결과가 없는)가 나올 것이다.

```
MariaDB [test]> SELECT * FROM employees
 WHERE
     ->      (givenname = 'John'
     -> OR   givenname = 'Tom')
     -> AND  surname = 'Snow';
Empty set (0.00 sec)
```

IN 연산자 사용

IN 연산자는 괄호로 감싸고 콤마로 값을 구분한 형태로 값의 목록을 명시할 때 사용한다. OR 조건인 것처럼 한 번에 모두 비교한다. 예를 들어 다음의 두 쿼리는 결과가 동일하다. 하지만 IN 연산자를 사용한 경우가 더 짧다.

```
SELECT * FROM employees WHERE
    surname = 'Snow'
    OR surname = 'Smith'
    OR surname = 'Pratt';
```

```
SELECT * FROM employees WHERE surname IN ('Snow','Smith','Pratt');
```

둘 다 결과는 동일하다.

```
+----+---------+---------------+-----------+------------+
| id | surname | givenname     | pref_name | birthday   |
+----+---------+---------------+-----------+------------+
|  2 | Pratt   | Parley        | NULL      | 1975-04-12 |
|  3 | Snow    | Eliza         | NULL      | 1964-04-03 |
|  6 | Snow    | Lorenzo       | NULL      | 1964-04-03 |
|  7 | Smith   | George Albert | George    | 1970-04-04 |
+----+---------+---------------+-----------+------------+
```

IN 연산자는 공간 절약에 유용하지는 않다. 목록의 값들은 SELECT 구문으로 모두 분리할 수 있다. 데이터베이스의 현재 값에 기초해 동적으로 변경이 가능한 강력하고 유용한 쿼리를 생성할 수 있게 도와 줄 수 있다.

NOT 연산자 사용

NOT 연산자는 이해하기 쉽다. 조건의 의미를 간단히 부정한다. 예를 들어 앞서 살펴본 IN 예제에 NOT 연산자를 추가하면 성(surname 칼럼)이 Pratt, Snow, 또는 Smith가 아닌 모든 로우를 가져온다.

```
MariaDB [test]> SELECT * FROM employees WHERE
    -> surname NOT IN ('Snow','Smith','Pratt');
+----+---------------+------------+-----------+------------+
| id | surname       | givenname  | pref_name | birthday   |
+----+---------------+------------+-----------+------------+
| 1  | Perry         | Lowell Tom | Tom       | 1988-08-05 |
| 4  | Taylor        | John       | John      | 1958-11-01 |
| 5  | Woodruff      | Wilford    | Will      | 1957-03-01 |
| 8  | McKay         | NULL       | NULL      | NULL       |
| 9  | Anderson      | Neil       | NULL      | 1971-08-09 |
| 10 | Christofferson | Todd      | NULL      | 1985-01-24 |
+----+---------------+------------+-----------+------------+
6 rows in set (0.00 sec)
```

LIKE를 사용해서 검색

정보의 일부만을 알고 있을 때 로우를 조회하게 LIKE 키워드와 패턴 매칭을 사용할 수 있다. 예를 들어 이름이 McK로 시작하지만 나머지는 기억하지 못하는 직원의 레코드를 조회하고자 한다고 가정해보자. 다음처럼 LIKE 키워드를 사용한 WHERE절을 사용해서 직원을 찾을 수 있다.

```
WHERE surname LIKE "McK%"
```

employees 데이터베이스에서의 결과는 다음과 같다.

```
MariaDB [test]> SELECT * FROM employees
    -> WHERE surname LIKE "McK%";
+----+---------+-----------+-----------+----------+
| id | surname | givenname | pref_name | birthday |
+----+---------+-----------+-----------+----------+
|  8 | McKay   | NULL      | NULL      | NULL     |
+----+---------+-----------+-----------+----------+
1 row in set (0.00 sec)
```

예제에서 퍼센트(%) 기호는 와일드카드 문자다. 문자나 문자의 그룹이 없거나 한 개 이상 일치한다. 따라서 성(surname 칼럼)에 McK% 패턴을 명시하면 직원의 성이 McK로 시작하고 다른 문자가 없거나 한 개 이상 뒤에 붙는다는 것을 말한다. 이 패턴은 McKay, McKinsey, McKool, McK 같은 값들과 일치할 것이다.

이런 식의 간단한 검색은 텍스트가 많지 않은 칼럼에 적합하다. 데이터베이스에 글이나 책처럼 많은 양의 텍스트를 저장한다면 스핑크스^{Sphinx}와 일래스틱서치^{Elasticsearch} 같은 서드파티 검색 툴을 사용하길 원할 것이다.

데이터 정렬

기본적으로 결과물은 데이터베이스에 입력한 순서대로 정렬한다. surname 칼럼 기준으로 직원 목록을 정렬하려면 다음의 예처럼 ORDER BY절을 사용한다.

```
ORDER BY surname
```

1970년 1월 1일 이후 태어난 모든 직원을 조회하는 예에 ORDER BY절을 추가하면 결과는 다음처럼 변경된다.

```
MariaDB [test]> SELECT * FROM employees
    -> WHERE birthday >= '1970-01-01'
    -> ORDER BY surname;
+----+---------------+--------------+-----------+------------+
| id | surname       | givenname    | pref_name | birthday   |
+----+---------------+--------------+-----------+------------+
|  9 | Anderson      | Neil         | NULL      | 1971-08-09 |
| 10 | Christofferson | Todd        | NULL      | 1985-01-24 |
|  1 | Perry         | Lowell Tom   | Tom       | 1988-08-05 |
|  2 | Pratt         | Parley       | NULL      | 1975-04-12 |
|  7 | Smith         | George Albert | George   | 1970-04-04 |
+----+---------------+--------------+-----------+------------+
5 rows in set (0.00 sec)
```

물론 각각의 칼럼을 콤마로 구분해서 여러 개의 칼럼도 명시할 수 있다. 콤마 앞뒤로 공백을 주는 건 옵션이다. 예를 들어 다음의 코드는 surname 칼럼으로 정렬하고, 그다음 givenname 칼럼, 마지막으로 birthday 칼럼으로 정렬할 것이다.

ORDER BY surname,givenname , birthday

예제 테이블은 작아서 변경한 3개의 칼럼으로 정렬한 결과물이 surname 칼럼만으로 정렬한 예와 동일하다.

데이터 조인

SELECT 명령은 여러 개의 테이블에서 데이터를 가져오기 위해 조인(JOIN)을 사용하면 더 강력해진다. 예를 들어 회사 전화번호부를 사용해서 그 전화번호를 가진 모든 직원을 찾을 수 있다.

예를 들기 위해 테이블을 추가하고 몇 가지 데이터를 넣을 필요가 있다. 다음처럼 전화번호를 위해 간단한 테이블을 먼저 만든다.

```
CREATE TABLE phone (
    id serial PRIMARY KEY,
    emp_id int,
    type char(3),
    cc int(4),
    number bigint,
    ext int);
```

이 테이블에서 emp_id 칼럼은 employees 테이블의 id 칼럼과 일치하는 숫자를 넣을 것이다. emp_id 칼럼을 활용해서 phone 테이블의 로우가 특정 직원과 관계를 갖게 할 것이다.

테이블을 생성하고 나서 다음처럼 몇 가지 데이터를 넣는다.

```
INSERT INTO phone (emp_id,type,cc,number,ext) VALUES
    (1,'wrk',1,1235551212,23),
    (1,'hom',1,1235559876,NULL),
    (1,'mob',1,1235553434,NULL),
    (2,'wrk',1,1235551212,32),
    (3,'wrk',1,1235551212,11),
    (4,'mob',1,3215559821,NULL),
    (4,'hom',1,3215551234,NULL);
```

몇 개의 예제 데이터를 가진 새로운 테이블을 사용해서 employees 테이블의 데이터와 phone 테이블의 데이터를 조인할 수 있다.

데이터를 조인하기 위해 두 테이블의 칼럼을 명시한다. 그리고 FROM절에 각각의 테이블을 나열하고 조인의 타입(여기서는 단순 조인simple join을 위해 JOIN)을 명시한다. ON절에는 phone 레코드가 employees에 속하는 것을 확인하기 위해 사용할 두 개의 칼럼을 정의한다.

예를 들어 다음 명령은 두 개의 테이블을 단순 조인한다.

```
MariaDB [test]> SELECT surname,givenname,type,cc,number,ext
    -> FROM employees JOIN phone
```

```
    -> ON employees.id = phone.emp_id;
+---------+------------+------+------+------------+------+
| surname | givenname  | type | cc   | number     | ext  |
+---------+------------+------+------+------------+------+
| Perry   | Lowell Tom | wrk  |    1 | 1235551212 |   23 |
| Perry   | Lowell Tom | hom  |    1 | 1235559876 | NULL |
| Perry   | Lowell Tom | mob  |    1 | 1235553434 | NULL |
| Pratt   | Parley     | wrk  |    1 | 1235551212 |   32 |
| Snow    | Eliza      | wrk  |    1 | 1235551212 |   11 |
| Taylor  | John       | mob  |    1 | 3215559821 | NULL |
| Taylor  | John       | hom  |    1 | 3215551234 | NULL |
+---------+------------+------+------+------------+------+
7 rows in set (0.00 sec)
```

단순 조인에서 첫 번째 테이블의 어떤 로우도 두 번째 테이블의 로우와 일치하지 않으면 무시한다. FROM절에 명시된 첫 번째 테이블은 왼쪽^{left} 테이블이고 두 번째 테이블은 오른쪽^{right} 테이블이라고 부른다.

전화번호부에 있는 모든 직원이 나오게 보장하기 위해 전화번호가 없는 직원이 있다면 다음 예처럼 레프트 조인(LEFT JOIN)을 사용한다.

```
SELECT surname,givenname,type,cc,number,ext
    FROM employees LEFT JOIN phone
    ON employees.id = phone.emp_id;
```

위 구문을 실행한 결과는 다음과 유사할 것이다.

```
MariaDB [test]> SELECT surname,givenname,type,cc,number,ext
    -> FROM employees LEFT JOIN phone
    -> ON employees.id = phone.emp_id;
+----------------+----------------+------+------+------------+------+
| surname        | givenname      | type | cc   | number     | ext  |
+----------------+----------------+------+------+------------+------+
| Perry          | Lowell Tom     | wrk  |    1 | 1235551212 |   23 |
| Perry          | Lowell Tom     | hom  |    1 | 1235559876 | NULL |
| Perry          | Lowell Tom     | mob  |    1 | 1235553434 | NULL |
```

```
| Pratt          | Parley        | wrk  |    1 | 1235551212 |   32 |
| Snow           | Eliza         | wrk  |    1 | 1235551212 |   11 |
| Taylor         | John          | mob  |    1 | 3215559821 | NULL |
| Taylor         | John          | hom  |    1 | 3215551234 | NULL |
| Woodruff       | Wilford       | NULL | NULL |       NULL | NULL |
| Snow           | Lorenzo       | NULL | NULL |       NULL | NULL |
| Smith          | George Albert | NULL | NULL |       NULL | NULL |
| McKay          | NULL          | NULL | NULL |       NULL | NULL |
| Anderson       | Neil          | NULL | NULL |       NULL | NULL |
| Christofferson | Todd          | NULL | NULL |       NULL | NULL |
+----------------+---------------+------+------+------------+------+
13 rows in set (0.00 sec)
```

employees 테이블의 id 칼럼이 phone 테이블에 일치하는 로우가 없을 때마다 phone 테이블의 칼럼은 NULL 값으로 표시된다.

다른 형태의 조인 방법이 있다. 다음 페이지에서 조인 문법에 대한 많은 정보를 볼 수 있다.

https://mariadb.com/kb/en/join/

데이터 요약

가끔은 데이터에 대한 정보를 찾는 경우가 있다. 마리아DB는 AVG, COUNT, MIN, MAX, SUM과 같은 몇 가지 내장된 함수를 제공한다.

AVG 함수

AVG 함수는 칼럼에 있는 데이터의 평균을 얻기 위해 사용한다. 예를 들어 TIMESTAMPDIFF와 CURDATE의 두 함수와 합쳐서 employees 테이블의 모든 사람의 평균 나이를 계산하는 데 AVG 함수를 사용할 수 있다.

CURDATE 함수는 호출할 때 인자를 갖지 않으며 간단하게 현재 일시를 반환한다.

TIMESTAMPDIFF 함수는 3개의 인자를 가진다. 시각의 차이를 다루는 단위unit와 비교할 두 날짜를 인자로 사용한다. 함수의 처리 결과는 두 날짜의 차이다. 단위 인자는 MINUTE, HOUR, DAY, WEEK, MONTH, QUARTER, YEAR 등의 시각 단위다.

> TIMESTAMPDIFF와 CURDATE 함수는 날짜와 시각을 더 쉽게 다루게 해주는 함수 중두 개다. https://mariadb.com/kb/en/date-and-time-functions/에서 이런 날짜나 시각을 다루는 함수에 대한 더 많은 정보를 볼 수 있다.

다음은 세 가지 함수를 모두 사용했다.

```
SELECT AVG(TIMESTAMPDIFF(YEAR,birthday,CURDATE()))
FROM employees;
```

이 구문을 실행한 시점과 birthday 칼럼의 날짜에 따라 결과는 다를 것이다.

COUNT 함수

COUNT 함수는 쿼리에 의해 반환되는 로우 개수를 셀 때 사용한다. 예를 들어 employees 테이블의 로우 개수를 세기 위해 다음 구문을 사용한다.

```
SELECT COUNT(*) FROM employees;
```

지금은 로우 개수가 워낙 작아서 COUNT 함수를 사용하는 방법이 좋지는 않다. 결국 SELECT * FROM employees;를 실행한 결과에서 마지막에 로우개수를 알려준다. 하지만 수만이나 수백만의 로우를 가진 테이블이라면 로우의 개수를 보기보다는 COUNT 함수를 사용하는 것이 더 나은 방법이다.

COUNT 함수는 특정 칼럼에 값을 가진 로우 개수가 얼마나 많은지 확인할때 사용하기도 한다. 예를 들어 테이블의 모든 로우가 아니라 선호하는 이름

(pref_name 칼럼)을 얼마나 많이 설정했는지 세기 위해 다음의 구문을 사용하기도 한다.

```
SELECT COUNT(pref_name) FROM employees;
```

MIN과 MAX 함수

최솟값과 최댓값을 판단하는 두 가지 함수가 있다. 예를 들어 가장 나이가 많은 직원은 다음처럼 함수의 결과를 사용하는 형태로 SELECT 구문을 두 번 실행해서 찾을 수 있다.

```
SELECT * FROM employees
    WHERE birthday = (SELECT MIN(birthday) from employees);
```

위 구문의 결과는 다음과 유사할 것이다.

```
MariaDB [test]> SELECT * FROM employees
    -> WHERE birthday = (SELECT MIN(birthday) FROM employees);
+----+----------+-----------+-----------+------------+
| id | surname  | givenname | pref_name | birthday   |
+----+----------+-----------+-----------+------------+
| 5  | Woodruff | Wilford   | Will      | 1957-03-01 |
+----+----------+-----------+-----------+------------+
1 row in set (0.00 sec)
```

비슷하게 가장 젊은 직원은 다음 예처럼 MIN 대신 MAX 함수를 사용해서 찾을 수 있다.

```
MariaDB [test]> SELECT * FROM employees
    -> WHERE birthday = (SELECT MAX(birthday) FROM employees);
+----+---------+------------+-----------+------------+
| id | surname | givenname  | pref_name | birthday   |
+----+---------+------------+-----------+------------+
| 1  | Perry   | Lowell Tom | Tom       | 1988-08-05 |
+----+---------+------------+-----------+------------+
```

```
1 row in set (0.00 sec)
```

 앞의 두 예는 SELECT 쿼리를 두 번 사용했다. 쿼리 내부에 다른 쿼리를 사용했는데, 이런 형태를 서브쿼리(subquery)라고 한다. 여기서는 서브쿼리를 다루지 않을 것이지만, 서브쿼리에 대해 더 알고 싶다면 마리아DB 지식베이스의 '서브쿼리' 절인 https://mariadb.com/kb/en/subqueries/를 보면 된다.

SUM 함수

SUM 함수는 값들의 총합을 구할 때 사용한다. 예를 들어 TIMESTAMPDIFF와 CURDATE 함수를 사용해서 모든 직원의 나이에 대한 총합을 다음과 같이 구할 수 있다. 생일을 직원의 나이로 변환하기 위해 사용했던 AVG 함수의 예와 비슷하게 처리했다.

```
SELECT SUM(TIMESTAMPDIFF(YEAR,birthday,CURDATE()))
FROM employees;
```

위 구문처럼 계산한 나이는 그다지 유용하지 않다. 오히려 orders 테이블과 같이 특정 고객이 작년에 주문한 위젯 개수를 찾기 위해 SUM 함수를 사용하는 것이 매우 유용하다.

요약 데이터로 GROUP BY 사용

가끔 데이터베이스에서 로우는 자연스럽게 데이터의 그룹을 가진다. 예를 들어 빨간색이나 파란색 셔츠의 주문 개수와 같은 경우다. GROUP BY절은 데이터를 그룹핑하는 함수와 함께 사용할 수 있다.

employees 데이터베이스에서 다음처럼 가장 흔한 성을 찾기 위해 COUNT 함수와 함께 GROUP BY를 사용할 수 있다.

```
SELECT surname, COUNT(*)
    FROM employees
    GROUP BY surname;
```

위 구문의 결과는 다음과 유사할 것이다.

```
MariaDB [test]> SELECT surname, COUNT(*)
    -> FROM employees
    -> GROUP BY surname;
+----------------+----------+
| surname        | COUNT(*) |
+----------------+----------+
| Anderson       |        1 |
| Christofferson |        1 |
| McKay          |        1 |
| Perry          |        1 |
| Pratt          |        1 |
| Smith          |        1 |
| Snow           |        2 |
| Taylor         |        1 |
| Woodruff       |        1 |
+----------------+----------+
9 rows in set (0.00 sec)
```

GROUP BY 결과를 필터링하기 위해 HAVING 사용

방금 살펴본 GROUP BY 예의 결과는 각각의 성을 사용하는 사람 수를 성과 함께 보여준다. 대부분의 성은 한 번만 사용한다. 따라서 가장 많이 사용하는 성을 찾으려면 필터링을 해야 한다. 필터링을 하려면 다음처럼 GROUP BY절 뒤에 HAVING절을 추가한다.

```
SELECT surname, COUNT(*)
    FROM employees
    GROUP BY surname
```

```
    HAVING COUNT(*) > 1;
```

HAVING절은 결과를 좀 더 읽기 쉽게 대부분의 데이터를 제거하고 보여준다.

```
MariaDB [test]> SELECT surname, COUNT(*)
    -> FROM employees
    -> GROUP BY surname
    -> HAVING COUNT(*) > 1;
+---------+----------+
| surname | COUNT(*) |
+---------+----------+
| Snow    |        2 |
+---------+----------+
1 row in set (0.00 sec)
```

더 큰 테이블에서는 반환되는 로우 개수가 관리 가능한 수준으로 두 번에서 세 번 정도 사용해서 이름을 찾길 원할 것이다.

HAVING절은 WHERE와 유사한 필터 역할을 한다. 따라서 다양한 비교 연산자를 사용할 수 있다.

요약

7장에서는 테이블의 모든 데이터나 일부 데이터를 가져오는 방법을 배웠다. 찾고자 하는 일부 데이터만 보게 필터링하는 방법도 배웠다. 그리고 정렬, 요약, 그룹핑하는 방법과 가져온 데이터를 다루고 일부의 로우만 가져오게 연산자를 사용하는 방법도 배웠다.

앞서 살펴본 5장, 6장, 그리고 7장을 함께 보고 나서 마리아DB와 대화하기 위한 기본적인 SQL(CRUD)인 추가Create, 조회Read, 수정Update, 그리고 삭제Delete 작업에 친숙해졌다.

8장에서는 구동 중인 데이터베이스를 순조롭게 유지하는 방법을 배운다.

8

마리아DB 유지 보수

집이나 자동차와 유사하게 데이터베이스도 순조롭게 계속 실행하려면 유지 보수가 필요하다. 8장에서는 유지 보수와 관련된 주제를 다룬다.

8장에서 다루는 내용은 다음과 같다.

- 마리아DB 로그 파일
- 마리아DB 최적화와 튜닝
- 데이터 백업, 가져오기, 복원
- 마리아DB 보수

마리아DB 로그 파일

설정을 어떻게 했는지에 따라 마리아DB는 로그를 상세하게 남기거나 간단하게 남긴다. 로그 파일의 위치는 마리아DB 설정 파일인 my.cnf(윈도우에서는 my.ini)에 설정한다. 리눅스에서 기본 경로는 /var/log/mysql/이고, 윈도우에서는 마리아DB 데이터 디렉토리가 기본 경로가 된다.

로그 파일의 종류는 다양하고 각 로그 파일은 각기 특별한 목적이 있다.

바이너리 로그

마리아DB 바이너리 로그는 이벤트 내용을 저장한다. 이벤트는 데이터베이스의 콘텐츠를 변경하는 것을 뜻한다. 이름에서 알 수 있듯이 다른 종류의 로그 파일과는 달리 마리아DB 바이너리 로그 파일은 2진수 포맷으로 돼 있다. mysqlbinlog와 같은 프로그램을 사용하지 않는 한 사람이 읽을 수는 없다.

바이너리 로그는 log_bin 변수를 사용해서 제어한다. log_bin 변수는 바이너리 로그를 파일에 기록할지 말지 여부를 처리하는 중요한 역할을 담당한다. 기본적으로 log_bin 변수가 설정 파일의 [mysqld] 그룹이나 [server] 그룹에 있다면 바이너리 로그는 파일에 남는다. log_bin 변수가 설정 파일에 없다면 바이너리 로그는 파일에 남지 않는다. log_bin 변수의 부가적인 기능은 바이너리 로그의 이름과 위치를 설정한다. 다음은 log_bin 설정의 예다.

```
log_bin = /var/log/mysql/mariadb-bin
```

마리아DB는 파일명을 가져와서 작성할 실제 파일의 끝에 숫자를 추가한다. 다음은 바이너리 로그를 사람이 읽을 수 있는 텍스트로 보여주기 위해 mysqlbinlog 프로그램을 사용한 예다.

```
mysqlbinlog /var/log/mysql/mariadb-bin.000269
```

바이너리 로그 파일의 각 이벤트는 이벤트가 발생한 일자와 시각, 그리고 로그 파일에서의 위치 등을 주석으로 추가한다.

정보를 제공하는 값 외에도 마리아DB 바이너리 로그는 몇 가지 다른 상황에서 사용된다. 첫 번째 서버에 문제가 발생해서 복구를 하기 위해 사용할 수 있다. 또한 하나의 서버에서 다른 서버로 복제를 할 때에도 사용한다. 복제를 사용하면 슬레이브 서버에 릴레이 로그를 전송하지만, 릴레이 로그는 바이너리 로그와 같고 mysqlbinlog 프로그램을 사용해서 읽을 수 있다.

바이너리 로그에 대한 좀 더 많은 정보는 https://mariadb.com/kb/en/binary-log/에서 볼 수 있다.

에러 로그

에러 로그는 마리아DB에 발생한 심각한 에러에 대한 정보를 기록하는 로그다. 에러 로그는 마리아DB가 시작하고 종료될 때의 정보도 기록한다. 마리아DB에 문제가 발생하거나 마리아DB를 시작할 수 없다면 에러 로그를 먼저 봐야 한다.

에러 로그는 `log_error` 변수를 사용해서 제어할 수 있고, 다른 로깅 변수처럼 설정 파일의 `[mysqld]` 그룹이나 `[server]` 그룹에 둔다. 다음은 `log_error` 설정 예다.

`log_error = /var/log/mysql/error.log`

리눅스에서 마리아DB 설치 시 만들어지는 기본적인 설정 파일은 이 위치에 로그 파일을 두지만, 언제든 위치를 변경할 수 있다.

바이너리 로그와는 달리 `log_error` 변수가 없다고 해서 에러 로그를 끄지는 않는다. my.cnf나 my.ini 파일에 위치를 설정하지 않더라도 에러 로그는 기록되고 기본 위치는 데이터 디렉토리가 된다. 그리고 기본 파일명은 호스트명이고, 마리아DB를 설치한 컴퓨터의 이름을 사용해서 호스트명.err[1]가 될 것이다.

---

1. 역자의 노트북 이름은 fromm0Notebook이다. 그래서 에러 로그 파일명은 fromm0Notebook.err이다.
   – 옮긴이

에러 로그에 대한 좀 더 많은 정보는 https://mariadb.com/kb/en/error-log/에서
볼 수 있다.

일반 쿼리 로그

일반 쿼리 로그는 기본적으로 파일에 기록하지 않는다. 쿼리 로그를 기록하게 되면 데이터를 변경하지 않는 쿼리를 포함해서 마리아DB가 받는 모든 쿼리를 저장한다. 데이터를 변경하는 쿼리만 저장하는 바이너리 로그와는 대조되는 특징이다. 사용자가 많아 바쁘게 처리하는 서버에서 모든 쿼리를 저장하는 것은 로그 파일을 매우 빨리 크게 만들 수 있다. 일반 쿼리 로그를 기록하는 것은 대개 필요 없고 추천하지도 않는다.

어쨌든 찾기 어려운 성능상의 병목을 찾게 시도하거나 서버가 처리하는 모든 행위를 기록하고자 한다면 general_log와 general_log_file 변수를 사용해서 로그를 기록하게 할 수 있다. general_log 설정은 로그를 기록(=1)하거나 기록하지 않기(=0) 위해 사용한다. general_log_file 설정은 로그를 기록할 파일을 설정한다. 다음 예는 일반 쿼리 로그를 기록하게 하고 /var/log/mysql/mysql.log에 로그를 저장하는 설정이다.

```
general_log = 1
general_log_file = /var/log/mysql/mysql.log
```

데이터를 변경하는 쿼리에만 관심이 있다면 바이너리 로그만 봐도 되고 일반 쿼리 로그를 사용할 필요 없다. 마리아DB를 설치할 때 기본으로 만들어지는 my.cnf 파일에 주석으로 써 있는 것처럼 일반 쿼리 로그는 성능을 크게 떨어뜨린다. 따라서 필요한 때 짧은 시간 동안만 사용하는 것이 좋다.

일반 쿼리 로그에 대한 좀 더 많은 정보는 https://mariadb.com/kb/en/general-query-log/에서 볼 수 있다.

슬로우 쿼리 로그

마리아DB 슬로우slow 쿼리 로그를 사용하면 설정한 시간보다 오래 걸리는 쿼리를 기록한다. 이 로그는 느린 쿼리를 실행할 때 소요되는 시간, 쿼리를 실행한 사용자, 쿼리를 실행한 호스트명 등의 유용한 정보를 많이 저장하기 때문에 마리아DB의 성능을 튜닝하고 최적화하는 데 매우 유용하다.

기본적으로 이 로그를 파일에 기록하지는 않는다. my.cnf나 my.ini 설정 파일의 [mysqld] 그룹이나 [server] 그룹에 다음의 설정을 추가해서 로그를 기록할 수 있다.

`slow_query_log = 1`

슬로우 쿼리의 동작을 제어하기 위해 사용하는 4개 다른 변수가 있다. 로그 파일의 위치를 설정하기 위해 slow_query_log_file 변수를 사용한다. 마리아DB가 느리다고 판단하기 위해 기준 시간을 설정하는 long_query_time 변수를 사용한다. 시간은 전체 초에 마이크로초 단위(0.000001)로 세세하게 설정한다.

log_slow_rate_limit 변수는 느린 쿼리를 얼마나 자주 기록할지 제어하기 위해 사용한다. 예를 들어 20으로 설정하면 20번 쿼리를 할 때마다 기록하거나 슬로우 쿼리의 5%만 기록한다. 슬로우 쿼리가 너무 빨리 증가할 때 유용하다. log_slow_rate_limit 변수가 없다면 기본 값은 모든 슬로우 쿼리를 매번 기록한다.

마지막으로 log_slow_verbosity 변수는 콤마를 구분자로 여러 개의 정보를 나눠서 로그에 남기는 것을 제어한다. 다음 목록은 log_slow_verbosity 변수를 사용할 때 사용할 수 있는 값이다.

- **microtime** 마이크로초 단위로 로그를 기록
- **query_plan** 쿼리 실행 계획 정보를 기록
- **innodb** XtraDB와 InnoDB 타입의 테이블을 다루는 쿼리의 부가적인 통계 정보를 추가
- **standard** microtime과 innodb 변수 값을 모두 사용하게 설정
- **full** 모든 값을 사용하게 설정
- **profiling** 로그에 기록되는 쿼리가 프로파일링되도록 허용

다음은 슬로우 쿼리 로그를 기록하고 몇 가지 공통적인 옵션을 설정한 예다.

```
slow_query_log = 1
slow_query_log_file = /var/log/mysql/mariadb-slow.log
long_query_time = 0.05
log_slow_rate_limit = 30
log_slow_verbosity = query_plan,standard
```

슬로우 쿼리 로그에 대한 좀 더 많은 정보는 https://mariadb.com/kb/en/slow-query-log/에서 볼 수 있다.

마리아DB 최적화와 튜닝

최고의 성능을 내기 위해 마리아DB와 마리아DB에 접속하는 애플리케이션을 튜닝하고 최적화하는 주제는 그것 자체가 이 책의 큰 가치를 지닌다. 마리아DB를 시작하는 단계에서는 그다지 필요하지 않기 때문에 특정 전략에 대해 세부적으로 다룰 수는 없다. 성능에 관련된 주제는 조금이라도 아는 게 유용하다.

마리아DB를 튜닝하고 최적화하는 기초적인 과정은 불필요하게 느리게 만드는 곳인 병목지점을 찾는 데서 시작한다. 병목지점을 찾기 위해 앞에서 살펴본 슬로우 쿼리 로그를 사용해서 시작하는 편이 좋다.

문제의 쿼리를 찾고 나서 몇 가지 해결 방법을 적용한다. 좀 더 효율적으로 쿼리를 다시 작성하는 방법이 간단할 수도 있다. 또는 테이블에 인덱스를 추가해서 속도를 높일 수도 있다.

잠재적으로 최적화를 할 수 있게 사용 패턴을 파악하기 위해 사용자를 모아 시험하고 테이블 통계를 모을 수도 있다. 좀 더 빠르고 효율적으로 만들게 수정할 수 있는지 보기 위해 테이블 정의를 검사해볼 수도 있다. 마리아DB에서 좀 더 좋은 성능을 끌어내기 위한 방법은 끝이 없다.

우리가 할 수 있는 만큼 쿼리와 데이터베이스를 최적화하더라도 할 수 있는 게 더 있다고 볼 수 있다. 예를 들면 하드웨어를 더 개선할 수 있다. 빠른 응답을 해야 할 바쁜 데이터베이스는 빠른 하드웨어를 필요로 한다. 빠른 디스크, 많은 메모리, 그리고 빠른 프로세서 모두 중요하다.

 마리아DB를 최적화하고 튜닝하는 방법에 대한 좀 더 많은 정보는 https://mariadb. com/kb/en/optimization-and-tuning/에서 볼 수 있다.

데이터 백업, 가져오기, 복원

마리아DB는 데이터베이스를 백업할 때 사용할 수 있는 몇 가지 유틸리티를 갖고 있다. 마리아DB에 저장된 데이터는 디스크에 있는 특정 파일에 쓴다. 따라서 마리아DB 데이터 디렉토리를 백업하는 것으로 백업이 제대로 된다고 생각할 수 있다. 데이터 파일은 마리아DB가 동작하는 동안에는 언제나 열려있고 사용 중이기 때문에 파일을 직접 백업하게 시도하면 문제가 발생할 수 있다. 이 절의 마지막에 데이터 디렉토리를 백업하는 방법을 다룰 예정이지만, 먼저 편리한 백업 기술부터 살펴보자.

mysqldump를 사용한 기본 백업

기본적으로 `mysqldump` 백업 유틸리티는 SQL 백업을 만든다. SQL 백업은 텍스트 포맷이고, 테이블을 다시 만들고 테이블에 있던 데이터를 복원하기 위해 필요한 모든 SQL 구문을 가진다.

많은 옵션이 있지만 기본 문법은 다음과 같다.

mysqldump [-u 사용자명] [-p] 데이터베이스명 [테이블명]

테이블명을 넣지 않으면 `mysqldump`는 데이터베이스의 모든 테이블을 백업할 것이다. 예를 들어 다음 명령은 `test` 데이터베이스의 전체 데이터를 백업한다.

mysqldump -u root -p test > test.sql

`mysqldump`의 결과는 표준 출력이다. 터미널에서 명령을 실행할 때 화면에 직접 결과를 출력한다. 따라서 앞의 예제 명령을 사용하면 test.sql 파일에 결과를 직접 넣기 위해 리다이렉트 문자인 >를 사용한다.

mysqldump를 사용한 백업으로 복원

앞의 명령을 사용해서 만든 백업을 이용해 다시 복원하려면 다음처럼 `mysql` 명령을 사용할 수 있다.

mysql -u root -p test < test.sql

`mysqldump`의 예에서처럼 리다이렉트 문자를 사용했지만, 여기서는 test.sql 파일에서 반대 방향인 `mysql` 클라이언트로 리다이렉트한다. `mysql` 클라이언트는 파일을 읽어서 모든 SQL 구문을 실행한다. 그리고 백업된 테이블과

데이터를 복원한다.

mysqldump를 사용해서 탭을 구분자로 한 백업 생성

파일 내용의 각 줄이 탭으로 구분된 파일을 만들기 위해 mysqldump를 사용할 수도 있다. 이 경우 --tab 옵션을 사용한다. 이 옵션을 사용할 때 mysqldump는 두 개의 파일을 만들 것이다. 테이블을 다시 만들기 위한 SQL 구문을 가진 테이블명.sql 파일과 실제 데이터를 탭으로 구분한 형태의 테이블명.txt를 만든다. 다음은 test 데이터베이스에서 employees 테이블을 백업하기 위해 mysqldump와 --tab 옵션을 사용한 예다.

```
mysqldump --tab /tmp/ -u root -p test employees
```

--tab 옵션은 파일을 작성할 위치로 옵션 뒤에 디렉토리를 지정해야 한다. SQL 파일의 소유권은 mysqldump 명령을 실행한 사용자가 된다. 반면에 TXT 파일은 mysql 사용자가 소유권을 가진다. 따라서 --tab 뒤에 지정한 디렉토리는 두 사용자가 모두 권한을 갖게 할 필요가 있다. 리눅스에서 기본적으로 사용한 /tmp/ 디렉토리는 어떤 사용자도 작성할 수 있다.

탭을 구분자로 사용하는 데이터 파일이 왜 유용할까? 대개 처음 시작하는 사람을 위해 mysqlimport 프로그램은 탭을 구분자로 사용하는 파일을 읽는다. 유명한 스프레드시트도 탭을 구분자로 사용하는 파일을 읽거나 쓸 수 있다. 따라서 예를 들면 스프레드시트를 사용해서 데이터를 다루거나 마리아DB 데이터베이스로 옮기고자 한다면 스프레드시트 데이터를 탭을 구분자로 사용하는 파일로 내보내기 할 수 있고, 마리아DB에 테이블을 만든 다음 mysqlimport를 사용해서 데이터를 가져올 수도 있다. 나중에 데이터나 데이터의 일부를 파일로 만들기 위해 mysqlump를 사용하고 스프레드시트 프로그램을 사용해서 파일을 열 수 있다. 그리고 몇 가지 멋진 파이 차트나 다른 그래프를 만든다.

mysqldump 명령에는 데이터를 백업하는 대상이나 방법을 수정할 수 있는 몇 가지 다른 옵션이 더 있다. 많은 옵션을 배우는 데 충분한 시간을 할애할 가치가 있다.

 mysqldump 유틸리티에 대한 좀더 많은 정보는 https://mariadb.com/kb/en/mysqldump/에서 볼 수 있다.

mysqlimport로 데이터 복원 및 가져오기

앞 절에서 mysqlimport에 대해 간단히 언급했다. 요약하면 mysqlimport 명령은 마리아DB로 데이터를 넣을 때 사용한다. mysqlimport 명령이 사용하는 데이터는 mysqldump 명령으로 만든 백업일 수도 있고, 완전히 새로운 백업 데이터일 수도 있다. mysqlimport 명령에도 다양한 옵션이 있지만 기본 문법은 다음과 같다.

mysqlimport [--local] [-u 사용자명] [-p] 데이터베이스명 파일명

파일명 속성은 데이터를 넣을 테이블의 이름이어야만 한다. --local 옵션은 mysqlimport가 서버의 데이터 디렉토리 대신에 로컬 파일 시스템에서 읽게 한다.

다음은 앞서 생성한 employees.txt 파일을 읽어서 테이블에 데이터를 넣는 예다.

mysqlimport --local -u root -p test /tmp/employees.txt

테이블에 데이터를 넣는 과정에서 넣을 수 없는 일부 레코드는 무시하고 넣지 않는다. 그리고 mysqlimport는 이런 내용을 알려주고 경고 메시지를 띄운다. 데이터베이스에서 유일한 값을 가져야 하는 칼럼을 가졌으며, 몇 개의 데이터가 데이터베이스에 존재하는 다른 레코드와 일치할 때 이런 현상이 나올 것이다.

mysqlimport 유틸리티에 대한 좀 더 많은 정보는 https://mariadb.com/kb/en/mysqlimport에서 볼 수 있다.

mysqlhotcopy로 MyISAM 테이블 백업

mysqlhotcopy 백업 프로그램은 실제로는 펄^{Perl} 스크립트다. mysqlhotcopy 는 백업을 빨리 만들 수 있지만 테이블이 MyISAM이나 ARCHIVE 스토리지 엔진을 사용할 때만 가능하다.

다음의 SELECT 구문을 사용하면 데이터베이스의 테이블에서 사용하는 스토리지 엔진을 쉽게 볼 수 있다.

```
SELECT TABLE_NAME, ENGINE
    FROM information_schema.tables
    WHERE TABLE_SCHEMA="test";
```

WHERE 조건의 test를 체크하고 싶은 데이터베이스명을 변경하면 된다.

마리아DB의 기본 스토리지 엔진은 InnoDB다. 따라서 이 스크립트는 MyISAM 이 기본 스토리지 엔진이었던 오래 전에 비해 현재는 그다지 유용하지 않다. MyISAM 테이블을 갖고 있다면 어쨌든 유용하게 사용할 수 있는 툴이 된다. mysqlhotcopy 명령의 기본 문법은 다음과 같다.

mysqlhotcopy 데이터베이스명 [/복사할/새로운 디렉토리]

경로를 새로운 디렉토리로 지정하지 않으면 mysqlhotcopy는 마리아DB 데이터 디렉토리에 백업을 만들 것이다. 데이터 디렉토리에 백업하는 건 추천하지 않는다. 따라서 경로를 항상 명시하자.

mysqlhotcopy 명령은 데이터 디렉토리의 데이터 파일을 읽을 수 있는 사용자가 실행해야만 한다는 제한 사항이 있다. 그리고 마리아DB에 접속할 때 비밀번호를 사용한다면 명령에 접속 정보를 지정하거나 mysqlhotcopy가 비밀번호를 입력할 프롬프트를 지원하지 않는 것처럼 my.cnf 파일에 접속 정보를 지정해야 한다.

 mysqlhotcopy 프로그램에 대한 좀 더 많은 정보는 https://mariadb.com/kb/en/mysqlhotcopy/에서 볼 수 있다.

xtrabackup으로 XtraDB와 InnoDB 테이블 백업

xtrabackup 백업 프로그램은 XtraDB와 InnoDB 테이블에 사용할 수 있다. 마리아DB가 실행 중일 때도 데이터베이스를 빠르게 전체 백업할 수 있다.

Xtrabackup를 사용해서 백업을 생성할 때 여러 단계를 거친다. 먼저 백업을 준비하고 필요할 때 복원할 수 있게 백업을 준비한다. 백업을 생성하기 위해 다음처럼 처리한다.

```
xtrabackup --backup \
  --datadir=/var/lib/mysql/ --target-dir=/path/to/backup/
```

--datadir 옵션은 마리아DB 데이터 파일의 위치를 지정한다. 리눅스에서 기본 데이터 디렉토리는 /var/lib/mysql/이다. 리눅스에서는 sudo를 사용해서 명령을 실행해야 할 필요가 있을 것이다.

InnoDB와 XtraDB 테이블은 여러 파일에 저장되고 xtrabackup으로 백업하면 동일하다. xtrabackup으로 백업할 때 --target-dir 옵션을 사용해서 파일명이 아닌 디렉토리를 명시한다.

백업을 진행하는 동안 xtrabackup은 백업 과정을 보여주는 여러 가지 정보를 출력한다. 데이터가 많거나 서버가 매우 바쁘면 백업은 오래 걸린다.

원시 백업을 만든 후에는 필요한 경우 복원할 수 있게 백업을 준비해야 한다. xtrabackup과 InnoDB 및 XtraDB 테이블이 동작하는 방법 때문에 백업을 준비할 필요가 있다. 원시 백업을 사용해서 준비되지 않은 복원을 시도하려면 마리아DB가 시작을 하지 않을 수도 있다.

복원 준비가 완료되게 백업을 준비하기 위해 다음 명령을 두 번 실행한다.

```
xtrabackup --prepare --target-dir=/path/to/backup/
```

--prepare 옵션을 사용해서 xtrabackup을 처음 실행할 때 백업을 정리하고 논리적인 순서로 진행한다. --prepare 옵션을 사용해서 두 번째 실행하면 xtrabackup은 데이터 복원을 빨리하게 도와주는 몇 가지 로그 파일을 생성할 것이다. --prepare 옵션을 세 번, 네 번 그 이상 사용하더라도 아무것도 하지 않는다. 하지만 두 번째로 실행했는지를 기억하지 못하는 경우에는 이렇게 세 번, 네 번 그 이상 사용할 때 아무것도 하지 않는 것이 안전하다.

 설치 방법을 포함해서 xtrabackup에 대한 좀 더 많은 정보는 http://www.percona.com/doc/percona-xtrabackup/에서 볼 수 있다.

xtrabackup으로 만든 백업으로 복원

백업 디렉토리의 모든 파일을 마리아DB 데이터 디렉토리에 복사하기 위해 rsync나 cp 명령처럼 유틸리티를 사용하면 xtrabackup으로 만든 백업으로 복원하기 쉽다. 유틸리티를 사용해서 복원하기 전에 마리아DB를 멈추고 rsync나 cp 명령을 사용해야 한다. 다음은 rsync 명령을 사용하는 예다.

```
rsync -avP /path/to/backup/ /var/lib/mysql/
```

파일을 마리아DB 데이터 디렉토리에 복사하고 마리아DB를 시작하기 전에 파일의 소유권을 수정하는 것이 좋다. 대부분의 리눅스 배포판에서 기본 사용자와 그룹은 mysql이다. 따라서 다음과 유사하게 처리할 수 있다.

```
chown -R mysql:mysql /var/lib/mysql/
```

콜드 백업

마리아DB를 백업하는 또 다른 옵션은 데이터 디렉토리 전체를 복사하는 것이다. 이런 백업 방법을 콜드 백업cold backup이라고 한다. 앞에서 언급한 것처럼 마리아DB가 동작 중일 때 이 방법을 사용하면 문제가 발생할 수 있다. 하지만 마리아DB가 멈춰있고 스냅샷을 지원(윈도우에서는 셰도우 볼륨 카피라고 부르는)하는 파일 시스템을 사용한다면 마리아DB를 잠시 멈추고 스냅샷을 만든 뒤 마리아DB를 다시 시작한다. 이 작업을 처리하기 위해 마리아DB가 멈추는 전체 시간은 여러 가지 요소에 따라 다르지만, 대개 몇 초면 된다. 스냅샷을 만든 디렉토리는 다른 파일 시스템 디렉토리 백업처럼 백업될 것이다.

콜드 백업이 모든 상황에서 백업을 만들기에 이상적인 방법은 아니다. 특별히 데이터베이스 서버가 몇 초 동안이라도 멈춰있을 때만 가능하다. 하지만 몇 가지 경우에는 매우 잘 동작한다.

마리아DB 보수

하드웨어의 오류 발생 후 전원이 나간 뒤 또는 업그레이드 직후 마리아DB 데이터베이스의 테이블이 좋은 상태인지 확인하는 것이 좋다. 마리아DB는 테이블을 체크하는 몇 가지 유틸리티를 갖고 있다.

mysqlcheck로 테이블 체크 및 최적화

`mysqlcheck` 프로그램은 마리아DB 데이터베이스 테이블을 체크, 분석, 최적화, 그리고 보수할 수 있다. `mysqlcheck` 명령의 기본 문법은 다음과 같다.

```
mysqlcheck [옵션] [-u 사용자명] [-p] 데이터베이스명 [테이블명]
```

다음은 test 데이터베이스를 체크하기 위해 mysqlcheck 명령을 사용하는
예와 그 출력 결과다.

```
daniel@gandalf:~$ mysqlcheck -u root -p test
Enter password:
test.employees                              OK
```

다음처럼 --databases 옵션을 사용해서 여러 개의 데이터베이스를 지정할
수도 있다.

```
mysqlcheck -u root -p --databases 데이터베이스명1 데이터베이스명2
데이터베이스명3
```

다음처럼 --all-databases 옵션을 사용해서 모든 데이터베이스를 체크하
게 할 수도 있다.

```
mysqlcheck -u root -p --all-databases
```

기본적으로 mysqlcheck는 테이블만 체크할 것이다. 테이블을 최적화, 분
석, 보수하기 위해 다음과 같은 옵션 중 하나를 사용한다.

```
--optimize
--analyze
--repair
```

모든 옵션이 모든 테이블에서 동작하는 것은 아니다. 예를 들면 InnoDB 테
이블은 mysqlcheck로 보수할 수 없다. 요청한 기능을 수행할 수 없다면
에러 메시지를 보여준다.

 mysqlcheck 유틸리티에 대한 좀 더 많은 정보는 https://mariadb.com/kb/en/
mysqlcheck/에서 볼 수 있다.

테이블 보수

감사하게도 마리아DB는 매우 성숙하고 안정적인 프로그램이다. 문제는 적고, 발생하더라도 매우 드물다. 하지만 전원이 때때로 나갈 수 있고, 하드웨어에 갑자기 문제가 생길 수 있고, 서서히 문제가 생길 수도 있다. 따라서 데이터베이스에 있는 테이블에 문제가 생겨 보수가 필요할 때가 오기도 한다.

MyISAM과 Aria 테이블은 `mysqlcheck` 프로그램을 사용해서 종종 보수할 수 있다. 따라서 테이블 보수가 필요하다고 `mysqlcheck`가 알려준다면 `--repair` 옵션을 사용해서 프로그램을 다시 실행할 수 있다. 불행하게도 `mysqlcheck`는 InnoDB 테이블을 보수할 수 없다.

하지만 다행스럽게도 InnoDB와 XtraDB는 사고에 안전한 타입이므로 사고가 발생해도 데이터를 보호한다. 이 말은 하드웨어 오류가 문제를 발생시킬 확률이 매우 적다는 것을 의미한다. InnoDB와 XtraDB는 사고 복구 기능을 내장하고 있다. 사고 복구 기능을 사용하기 위해 my.cnf나 my.ini 파일에서 `[mysqld]` 그룹에 `innodb_force_recovery`를 추가하고 1부터 6까지의 숫자로 설정한다. 이 변수에 0을 설정하거나 제거하면 사고 복구 기능을 사용하지 않는다. 이 옵션을 설정한 동안 마리아DB는 InnoDB 테이블이 변경되는 것을 허용하지 않을 것이다.

더 큰 숫자로 설정하면 마리아DB는 테이블을 더 적극적으로 보수한다. https://mariadb.com/kb/en/xtradbinnodb-recovery-modes/에서 `innodb_force_recovery`에 대한 많은 정보를 볼 수 있다.

`innodb_force_recovery`가 동작하지 않으면 대상 테이블의 덤프를 만들어서 다시 로드할 필요가 있을 것이다. 다시 로드하는 이런 과정은 큰 서버일수록 더 오래 걸릴 수 있다. 따라서 때로는 최후의 수단처럼 사용해야 한다. 데이터베이스의 덤프를 만들고 다시 로드하는 기본적인 과정은 이미 앞의 `mysqldump` 관련 절에서 다뤘지만 다시 살펴보면 다음과 같다.

```
mysqldump [옵션] 데이터베이스명 > dump.sql
mysql 데이터베이스명 < dump.sql
```

test 데이터베이스의 덤프를 만들고 다시 로드하는 방법은 다음과 같다.

```
mysqldump -u root -p test > dump.sql
mysql -u root -p test < dump.sql
```

innodb_force_recovery를 사용한다면 다시 로드하는 과정은 좀 더 성공할 수 있다. innodb_force_recovery를 1로 설정하면 InnoDB와 XtraDB가 오류가 생긴 인덱스와 레코드를 읽는 대신에 건너뛰게 한다. 좀 더 많은 정보는 앞서 살펴본 마리아DB 지식베이스의 XtraDB/InnoDB 복구 모드 페이지를 참고하자.

다시 로드해서 에러가 수정되지 않는다면 주위 전문가에게 도움을 요청해야할 것이다. 다양한 복구 전략이 있지만 이 책에서 모두 다루기는 어렵다. 백업에서 다시 로드하는 방법을 시도할 수도 있고 오래전 백업을 어떻게 했는지에 따라 일부 데이터를 잃을 수도 있지만 일부를 잃는 것이 모든 데이터를 잃는 것보다는 나을 것이다.

요약

8장에서는 마리아DB의 다양한 로그 파일에 대해 배웠다. 그리고 다양한 백업 방법과 백업에서 데이터를 복원하는 방법을 다뤘다. 최적화에 대해서도 대략 살펴봤다. 마지막으로 무엇인가 잘못됐을 때 해볼 수 있는 다양한 방법에 대해 언급했다. 데이터베이스 테이블을 보수하거나 덤프하고 다시 로드해야 한다.

마리아DB 다음 단계

이 책은 마리아DB를 소개하므로 처음 시작하기에는 충분한 정보를 갖고 있다. 하지만 마리아DB는 많은 구성 요소와 옵션, 그리고 기능들로 구성된 매우 큰 시스템이다.

따라서 "이 책을 보면서 시작하면 되는가?"라는 질문이 생기면 어디서 도움을 받아야 할까?

마리아DB 전문가가 되기 위해 도움을 받을 수 있도록 온라인에서 제공하는 다양한 자료들이 있다.

먼저 마리아DB 웹사이트에서 시작하자. 마리아DB 다운로드, 마리아DB 블로그와 다른 공식적인 마리아DB 정보들은 http://mariadb.org에서 볼 수 있다.

그런 다음에는 https://mariadb.com/kb에 있는 마리아DB 지식베이스 페이지를 방문하자.

지식베이스 페이지는 마리아DB 문서의 공식적인 경로다. 새로운 정보가 매일 지식베이스에 추가된다. 어떤 정보가 마리아DB에 추가되거나 변경될 때마다 지식베이스에 문서화가 된다. 마리아DB 릴리스의 릴리스 노트와 변경로그도 지식베이스에 등록된다.

마리아DB에서 뭔가에 대한 질문이 생기면 **질문하기**(Ask a Question) 기능을 사용할 수 있다. 관심 있는 절이나 항목을 선택하고 버튼[1]을 클릭한 후 질문하면 된다. 페이지별로 댓글을 남겨서 자신만의 팁이나 비법을 제공할 수도 있다. 계정을 등록할 필요가 있지만, 등록 자체는 공짜이고 Creative Commons, GFDL, 또는 GPL 등의 라이선스에서 모든 내용이 배포된다.

지금 당장 누군가에게 얘기를 하고 싶다면 몇 가지 선택할 수 있는 방법이 있다. 먼저 다른 사용자와 마리아DB 개발들과 함께 실시간으로 채팅을 할 수 있게 해주는 IRC가 있다. 공식적인 마리아DB 채널은 Freenode IRC 네트워크의 #maria다. 더 많은 정보를 얻기 위해서는 https://mariadb.com/kb/en/irc에서 IRC의 지식베이스 항목을 볼 수 있다.

직접적으로 대화를 하고 싶다면 세 개의 공식 마리아DB 이메일 주소가 있다. 마리아DB 개발에 대한 기술적인 논의를 하는 개발자 메일링리스트가 있다. 마리아DB를 사용하는 것에 대한 일반적인 논의는 논의 메일링리스트가 있고, 마리아DB 문서에 관련해서 논의하고 계획을 짜는 문서 메일링리스트가 있다. 이런 세 가지 메일링리스트는 launchpad.net에서 호스팅하고 있다. 다음 주소는 각 메일링리스트를 보여준다.

- **마리아DB 개발자 목록** https://launchpad.net/~maria-developers
- **마리아DB 논의 목록** https://launchpad.net/~maria-discuss
- **마리아DB 문서 목록** https://launchpad.net/~maria-docs

마지막으로 마리아DB는 중요한 소셜 미디어에서도 활동하고 있다. 트위터, 구글플러스와 페이스북의 공식적인 마리아DB 계정의 위치는 다음과 같다.

---

1. 각 섹션별 좌측 메뉴를 보면 'Ask a question here' 버튼이 있다. - 옮긴이

- **트위터** http://twitter.com/mariadb

- **구글플러스** http://google.com/+mariadb

- **페이스북** http://fb.com/MariaDB.dbms

독자가 마리아DB를 사용해서 작업하는 것을 즐기길 바란다!

찾아보기

기호/숫자

#(해시문자) 52
--all-databases 옵션 151
--analyze 151
--databases 옵션 151
--datadir 옵션 148
--defaults-file 옵션 66
--help 옵션 55
--local 옵션 146
--no-defaults 56
--optimize 151
--prepare 옵션 149
--print-defaults 옵션 55
--repair 151, 152
--tab 옵션 145
--target-dir 옵션 148
-verbose 56
.tar.gz 파일 26
/etc/init.d/mysql reload 57
/etc/my.cnf 49
/etc/my.cnf.d/ 49
/etc/mysql/ 48
/etc/mysql/conf.d/ 48
/etc/mysql/my.cnf 48
/lib/mysql/plugin/ 48
/lib64/mysql/plugin/ 48
/usr/bin/ 디렉토리 47
/usr/lib/ 디렉토리 47
/usr/lib/mysql/plugin/ 48
/usr/local/var/mysql/ 43
/usr/share/mysql/ 디렉토리 47
/var/lib/mysql/ 43
/var/lib/mysql/ 디렉토리 47
/var/log/mysql/ 137
32비트 29
64비트 29
;(세미콜론) 52
[client] 그룹 54

ㄱ

개발 시리즈 27
건물 60
건물 보안 68
관계형 데이터베이스 서버 93
권한 보기 82
권한 부여 79
권한 제거 81
그룹 52
기본 키 98
꺾쇠괄호(〈〉) 108

ㄴ

내부 네트워크 60
내부 네트워크 보안 69
네트워킹 활성화 31
논리 연산자 121
느낌표(!) 54

ㄷ

데비안 25
데이터 조인 127
데이터 타입 96
데이터베이스 사용자의 비밀번호 변경 30

ㄹ

레프트 조인 129
로우 93
리눅스 .deb 패키지 25
리눅스 .rpm 패키지 25
릴리스 후보 27

ㅁ

마리아DB 플러그인 48
마리아DB에 접속 86
메이저 버전 28
민트 리눅스 35

ㅂ

바이너리 로그 138
방화벽 69
베타 27
변경한 설정을 반영 57
별표(*) 118
보안 계층 60
보안 터널링 71
부동소수점 숫자 96
뷰 75
브류 33
비교 연산자 121
비밀번호 설정과 변경 83

ㅅ

사용 가능한 버전 28
사용자 생성 77
사용자 제거 83
서버 60
서버 보안 67
서버의 기본 문자 집합을 UTF8로 사용 30
서비스 형태로 설치 31
서비스명 31
설정 값을 생략 가능한 옵션 53
세미콜론 52
센트OS 25
스크립트에서 안전하게 접속하는 방법 65
스키마 90
스핑크스 126
슬로우 쿼리 로그 141
시리즈 27
시스템 로그 파일 43
식별번호 40
실행 파일 46

ㅇ

안전하게 접속하는 방법 64
안정 시리즈 27
알파 27
에러 로그 43, 139
엑스코드 33
연산자 처리 순서 122
옵션 포매팅 54
와일드카드 문자 78
우분투 25
유지 보수 시리즈 27
이벤트 75
인터넷 60

인터넷 보안 71
일래스틱서치 126
일반 쿼리 로그 140
임시 테이블 75

ㅈ

자동 증가 값 98
자동 증가 칼럼 108
저장소 설정 툴 페이지 35
저장소 파일 37
전역 변수 75
전자 정보 41
정규화 95
정렬 118
주석 52

ㅊ

추천 버전 28

ㅋ

칼럼 93
콜드 백업 150

ㅌ

테이블 93
테이블 보수 152
트랜잭션에 최적화 31
트러스티 36
특정 값 필터링 120

ㅍ

파이프라인 문자(|) 96, 108
패턴 매칭 125
퍼센트(%) 기호 126
페도라 25
프로시저 75
프롬프트 87
피드백 플러그인 활성화 32
필터링 118

ㅎ

함수 75
해시문자 52
홈브류 33

A

ADD 102
Advanced Packaging Tool 패키지 관리자 25
AFTER 102
ALL PRIVILEGES 76
ALTER 75
ALTER ROUTINE 75
ALTER TABLE 명령 101
AND 연산자 121
APT 패키지 관리자 25
apt-get 명령 37
ARCHIVE 147
available 버전 28
AVG 함수 130

B

bin\ 디렉토리 46
brew 33
Building 60

C

CentOS 25
CHAR 97
chmod 67
cold backup 150
column 93
COUNT 함수 131
cp 명령 149
CREATE 75
CREATE DATABASE 91
CREATE ROUTINE 75
CREATE TABLE 95
CREATE TEMPORARY TABLES 75
CREATE TRIGGER 76
CREATE USER 74, 77
CREATE VIEW 75
CURDATE 함수 130

D

data\ 디렉토리 46
DATE 97
DATETIME 97
dd-apt-repository 명령 36
DEFAULT CHARSET 100
DEFAULT 키워드 108
DELETE 75
DELETE 명령 115
DESCRIBE 명령 100

development 시리즈 27
doctor 명령 34
DROP 75, 103
DROP DATABASE 92
DROP TABLE 명령 104
DROP TRIGGER 76
DROP USER 83

E

Elasticsearch 126
employees 테이블 108
Enable networking 31
Enable the Feedback plugin 32
ENGINE 100
error log 43
EVENT 75
EXECUTE 75
expect 65

F

Fedora 25
feedback.cnf 파일 50
feedback=on 50
FILE 74
FIRST 102
FLOAT 96
FLUSH 74
full 142

G

general_log 140
general_log_file 140
Gnu Privacy Guard 40
GPG 40
GPG ID 40
GPG 서명 키 38
gpgcheck 38
gpgkey 38
GRANT 79
GRANT OPTION 76, 80
GROUP BY 133

H

HAVING 134
Homebrew 33

I

IF EXIST 104
IF EXISTS 92
IF NOT EXISTS 91, 96
IN 연산자 124
include\ 디렉토리 47
INDEX 76
information_schema 90
InnoDB 147
innodb 142
innodb_force_recovery 152
INSERT 76, 107
INTEGER 96
Internet 60
Internal Network 60
INTO 키워드 108

L

LEFT JOIN 129
LIKE 키워드 125
LOAD DATA INFILE 74, 112
LOAD_FILE() 74
LOCAL 옵션 112
LOCK TABLES 76
log_bin 변수 138
log_error 변수 139
log_slow_rate_limit 141
log_slow_verbosity 141
long_query_time 141

M

maintenance 시리즈 27
mariadb-server 패키지 37
MariaDB.repo 38
MAX 함수 132
MAX_CONNECTIONS_PER_HOUR 77
MAX_QUERIES_PER_HOUR 77
MAX_UPDATES_PER_HOUR 77
MAX_USER_CONNECTIONS 77
md5sum 파일 41
microtime 142
MIN 132
MODIFY 102
MSI 패키지 26, 29
my.cnf 140
my.ini 51
MyISAM 147
mysql 명령 클라이언트 42, 65, 86

mysql.err 43
mysql.exe 42
mysqladmin shutdown 75
mysqlbinlog 138
mysqlcheck 프로그램 150, 152
mysqld 그룹 52
mysqldump 144
mysqldump 백업 유틸리티 144
mysqlhotcopy 백업 프로그램 147
mysqlimport 146
mysql_secure_installation 스크립트 61

N

no-auto-rehash 54
normalization 95
NOT NULL 96
NOT 연산자 125
NULL 96

O

OR 연산자 122
ORDER BY 118, 126

P

performance_schema 90
PGP 40
Pretty Good Privacy 40
PROCESS 74
profiling 142

Q

Query OK 99
query_plan 142

R

RELOAD 74
REPLICATION CLIENT 74
REPLICATION SLAVE 74
repo 파일 37
REVOKE 81
root 사용자 42
row 93
rsync 명령 149

S

sc start mysql 57
sc stop mysql 57

schema 90
SELECT 76, 80, 132
Server 60
service mysql reload 57
Service Name 31
SET PASSWORD 83
SET 명령 58
SHOW CREATE TABLE 99
SHOW CREATE VIEW 76
SHOW DATABASES 74, 88
SHOW GRANTS 82
SHOW MASTER STATUS 74
SHOW PROCESSLIST 74
SHOW SLAVE STATUS 74
SHOW STATUS 56
SHOW VARIABLES 56
SHOW VIEW 76
SHUTDOWN 75
slow_query_log_file 141
software-properties-common 패키지 36
Sphinx 126
SQL 백업 144
SSH 70
stable 시리즈 27
standard 142
SUM 함수 133
SUPER 75

T

table 93
TEXT 97
TIME 97
TIMESTAMPDIFF 함수 131
TRIGGER 76
Trusty 36

U

unload 명령 34
UPDATE 76, 113
USE 명령 88

V

VALUES 108
VARCHAR 97
VPN 70

W

WHERE 조건 113

X

Xcode 33
xtrabackup 백업 프로그램 148

Y

Yellow Dog Updater, Modified 패키지 관리자
    25
YUM 패키지 관리자 25

Z

ZIP 파일 26, 29

에이콘출판의 기틀을 마련하신 故 정완재 선생님 (1935-2004)

마리아DB 시작하기 2/e

실전 예제로 살펴보는 마리아DB의 강력한 기능

발 행 | 2017년 5월 31일

지은이 | 다니엘 바솔로뮤
옮긴이 | 이 동 국

펴낸이 | 권 성 준
편집장 | 황 영 주
편 집 | 조 유 나
디자인 | 박 주 란

에이콘출판주식회사
서울특별시 양천구 국회대로 287 (목동)
전화 02-2653-7600, 팩스 02-2653-0433
www.acornpub.co.kr / editor@acornpub.co.kr

한국어판 ⓒ 에이콘출판주식회사, 2017, Printed in Korea.
ISBN 979-11-6175-002-6
ISBN 978-89-6077-210-6 (세트)
http://www.acornpub.co.kr/book/mariadb-start-2

이 도서의 국립중앙도서관 출판시도서목록(CIP)은 서지정보유통지원시스템 홈페이지(http://seoji.nl.go.kr)와
국가자료공동목록시스템(http://www.nl.go.kr/kolisnet)에서 이용하실 수 있습니다.(CIP제어번호: CIP2017012267)

책값은 뒤표지에 있습니다.